I0372212

www.ingramcontent.com/pod-product-compliance
Lightning Source LLC
Chambersburg PA
CBHW011405070526
44577CB00004B/411
9781989880401

به نام عشق

سریال کتاب: P 2145110035

سرشناسه : Gorjian2021

عنوان: نردبان سخنرانی

زیر نویس عنوان: -------

نویسنده: نیما گرجیان

مشخصات نشریه در ایران: روز اندیش، همدان

شابک کانادا: ISBN: 978-9-1-989880-40-1

موضوع: موفقیت، سخنرانی

متا دیتا: Success, Self Help, Business, Public Speaking

مشخصات کتاب: رقعی، A5، صحافی مقوایی

تعداد صفحات: 92

تاریخ نشر در کانادا: سپتامبر ۲۰۲۱

تاریخ نشر اولیه: ۱۴۰۰

Kidsocado Publishing House

خانه انتشارات کیدزوکادو

ونکوور، کانادا

تلفن : +1 (833) 633 8654

واتس آپ : +1 (236) 333 7248

ایمیل : info@kidsocado.com

وبسایت انتشارات: https://kidsocadopublishinghouse.com

وبسایت فروشگاه: https://kphclub.com

سلام هم زبان

...ستیابی ایرانیان مقیم خارج از کشور به کتاب های بسیار متنوع و جدیدی که به تازگی در ایران نگاشته و چاپ می شود، محدود است. ما قصد داریم این خدمت را به فارسی زبانان دنیا هدیه دهیم تا آنها بتوانند مانند شما با یک کلیک در آمازون یا دیگر انتشارات آنلاین کتابهایی در زمینه های مختلف را خریداری کنند و درب منزل تحویل بگیرند.

خانه انتشارات کیدزوکادو تحت حمایت مجموعه آموزشی کیدزوکادو این افتخار را دارد تا برای اولین بار کتابهای با ارزش فارسی را که با زبان فارسی نگارش شده است از شرکت های انتشاراتی بزرگ آن لاین مانند آمازون و ایی بی بارنز اند نابل و هم چنین وبسایت خود انتشارات در اختیار ایرانیان مقیم خارج از ایران قرار دهد.

از اینکه توانستیم کتابهای جدید و با ارزشی که به قلم عالی نویسنده گان و نخبگان خوب ایرانی نگاشته شده است را در اختیار شما قرار دهیم بسیار احساس رضایتمندی داریم

این کتاب ها تحت اجازه مستقیم نویسنده و یا انتشارات کتاب صورت گرفته و درآمد حاصله بعد از کسر هزینه‌ها، به نویسنده پرداخته می شود.

خانه انتشارات کیدزوکادو در قبال مطالب داخل کتاب هیچگونه مسئولیتی ندارد و صرفاً به عنوان یک پخش کننده است.

و شما خواننده عزیز ما را با گذاشتن نظرات در وب سایتی که کتاب را تهیه کرده‌اید به این کار فرهنگی دلگرمتر کنید. از کامنتی که در بر گیرنده نظرتان نسبت به کتاب است عکس بگیرید و برای ما به این ایمیل بفرستید از هر ۴ نفری که برایمان کامنت می فرستند، یک نفر یک کتاب رایگان دریافت می‌کند.

ایمیل :   info@kidsocado.com

نردبان سخنرانی

مؤلف

نیما گرجیان

تقدیم به پدر و مادر عزیزتر از جانم

آنچه امروز هستم حاصل انتخاب‌های من است

امروز انتخاب‌هایی می‌کنم تا فردایی بهتر بسازم

فهرست مطالب

عنوان	صفحه
مقدمه	۱۱
فصل اول پیش نیازها	
اولین پیش نیاز: حذف جا پُرکن‌ها	۱۶
دومین پیش نیاز: افزایش اعتماد به نفس	۱۷
سومین پیش نیاز: بسترسازی ارتباطی با مثلث طلایی	۱۸
چهارمین پیش نیاز: رفع خجالت	۱۹
پنجمین پیش نیاز: رهایی از افکارمنفی	۲۱
ششمین پیش نیاز: مدیریت ترس از سخنرانی	۲۱
هفتمین پیش نیاز: آشنایی با ساختار مسیرعصبی	۲۲
هشتمین پیش نیاز: عملی کردن دانسته‌ها	۲۴
نهمین پیش نیاز: سخنرانیِ تمرینی	۲۴
دهمین پیش نیاز: افزایش دایره‌ی لغت	۲۵
یازدهمین پیش نیاز: کشف رسالت از سخنرانی	۲۶
فصل دوم: صداسازی	
صداسازی	۳۰
ایجاد لحن	۳۲
فصل سوم: طراحی متن سخنرانی	
طراحی متن سخنرانی	۳۶
معرفی خود	۳۷
پس از یک معرفی جذاب چه باید گفت؟	۳۸
قالب‌های سخنرانی	۳۸
فصل چهارم: هنگام اجرا	
هنگام اجرا	۵۰
کارهایی که در تمام مدت سخنرانی بایستی انجام دهید	۵۱
زبان بدن چیست؟	۵۱
خروج از حوزه‌ی امن	۵۲
لبخند	۵۳
استفاده از دست‌ها	۵۳
حرکات هدفمند دست‌ها	۵۴
خالی گذاشتن دست‌ها	۵۵

محل و موقعیت دست‌ها ۵۵
تماس چشمی ۵۶
شکل پاها ۵۶
پوشش سخنران ۵۷
نکات انتخاب پوشش مناسب ۵۸
پوشش‌های رسمی و غیررسمی ۵۸
راه رفتن هدفمند ۵۹
اگر هنگام اجرا چیزی یادتان رفت ۶۰
باید یخ مخاطب را آب کنید! ۶۰
یخ شکن‌ها: ۶۰
چه کنیم تا اسیر فراموشی نشویم؟ ۶۲

فصل پنجم: بداهه پردازی

بداهه پردازی در سخنرانی ۶۶
آمادگی برای موقعیت مختلف ۶۶
وقتی قرار است یک سخنرانی را تماماً بداهه انجام دهید! ... ۶۷
پیکربندی سخنرانی بداهه ۶۷

فصل ششم: دست نوشته و اسلاید

دست نوشته‌ی سخنرانی ۷۲
اسلاید سازی هنری نجات بخش ۷۳
پانزده فوت کوزه‌گریِ اسلاید سازی ۷۴

فصل هفتم: نکات تکمیلی

نکاتی تکمیلی برای اجرایی بی نظیر ۸۰

فصل هشتم: تحلیل سخنرانی

تحلیل سخنرانی ۸۶
اشتباهات متداول تحلیل سخنرانی ۸۶
یک تحلیل اصولی ۸۸
سخن پایانی ۹۰

مقدمه

به نام آنکه جان را فکرت آموخت   چراغ دل به نور جان برافروخت

کتابی که اکنون پیش روی شماست، نردبان سخنرانی است. نردبانی که کنار هم از پلّه‌های آن بالا خواهیم رفت تا به مقصد مورد نظر برسیم.

همه‌ی ما در زندگی خود به مهارتی به نام سخنرانی کردن نیاز داریم. مهارتی که به ما کمک می‌کند بتوانیم در شغل و زندگی پیشرفت‌های چشم گیری داشته باشیم. چرا که انسانی که بتواند با گروهی دیگر از انسان‌ها به خوبی ارتباط برقرار کند و آنها را متقاعد کند از حمایت‌های خوبی برخوردار خواهد بود و همچنین می تواند با روابطی که ایجاد می‌کند زندگی بهتری برای خود بسازد.

بسیاری از مردم فکر می‌کنند سخنرانی کردن نیاز به استعداد ذاتی دارد، در حالی که این گونه نیست. در این کتاب مرحله به مرحله برای اجرای یک سخنرانی بی‌نظیر آماده خواهیم شد و نردبان سخنرانی را طی خواهیم کرد.

یک روز از زندگی‌اَم را هرگز فراموش نخواهم کرد. روزی که اولّین سخنرانی اَم را انجام دادم. آن روز دستهایم می‌لرزید، گلویم خشک شده بود، احساس می‌کردم تمام اتاق دور سرم می‌چرخد. فقط یک آرزو در سر داشتم: ای کاش مجری مراسم مرا صدا نزند. اما ناگهان مجری از پشت میکروفون گفت: «از دانش‌آموز برتر پایه‌ی هشتم آقای نیما گرجیان دعوت می‌کنیم که چند کلامی برای ما صحبت کند.»

تمام چشم‌ها به من بود. هم مدرسه‌ایهایم به همراه والدینشان در حال تماشای پسری بودند که با تعلل بسیار از صندلی بلند می‌شود و به سمت استیج می‌رود. به یاد ندارم که چگونه مسیر بین صندلی‌ام و صحنه را طی کردم؛ تنها چیزی که احساس می‌کردم ترس بود. وقتی که از پله‌ها بالا می‌رفتم دستهایم عرق کرده بود و آنقدر آنها را به هم فشرده بودم که سرخ شده بودند. به روی صحنه رسیدم و به دانش‌آموزان و والدینشان نگاه کردم. با صدایی لرزان شروع به سخنرانی کردم و خاطره‌ی اولین

سخنرانی زندگی من با احساسی نه چندان خوب ثبت شد.

بعد از این اتفاق همواره این سوال در ذهنم نقش می‌بست که چگونه به یک سخنران حرفه‌ای تبدیل شوم. آموختن را آغاز کردم. صدها بار با موضوعات مختلف تمرین کردم و حال که این سطور را می‌نویسم، سخنرانی کردن نه تنها دیگر برای من احساس ترس را تداعی نمی‌کند بلکه برایم سراسر شور و اشتیاق است.

در این کتاب برای شما از اسرار یک سخنرانی بی‌نظیر می‌نویسم و با تجربه‌ی انواع سخنرانی، از سخنرانی در صداوسیما گرفته تا سمینارها و وبینارها و کارگاه‌ها و تولید محتوای ویدیویی و ... راه‌های رسیدن به یک سخنرانی ایده‌آل و آرمانی را به شما خواهم گفت. بی‌شک پس از خواندن این کتاب و انجام تمارین متوجه تغییرات شگرفی در نحوه سخنرانی خود خواهید شد.

همه‌ی ما می‌دانیم که سخنرانی کردن از مهم‌ترین و هیجان انگیزترین کارهایی هست که یک انسان می‌تواند انجام دهد. شاید آرزوی بسیاری از ما این بوده و هست که بتوانیم با صحبت‌های خود الهام بخش و تاثیرگذار باشیم. اما هر بار که ایده‌ای برای سخنرانی می‌یابیم، می‌پنداریم که سخنرانی کردن کار سختی است و نیاز به دانش و تجربه‌ی فراوان دارد. در حالی که این گونه نیست؛ بلکه مهم ترین امر در یاد گیری سخنرانی مانند هر مهارت دیگری تمرین کردن است. بله، تمرین کردن. این کتاب یک کتاب کاملاً تمرین محور است و در همین ابتدا از شما می‌خواهم که پس از خواندن هر بخش از آن، تمرینات مربوط به آن بخش را انجام دهید تا بهترین بهره را از کتابی که در دست دارید ببرید.

سخنرانی نیاز به هیچ استعداد ذاتی ندارد و همه می‌توانند از عهده‌ی آن بر بیایند و این مهارت را فرا بگیرند. تنها کاری که لازم است انجام بدهیم این است که اصول این کار را بدانیم و همین دانستن تا حد زیادی ترس‌های ما را کمرنگ می‌کند. بعد از آن باید این دانش را به کار ببندیم و آن را به مهارت تبدیل کنیم.

به یاد بیاورید که مهارتی مانند شنا کردن یا رانندگی را چگونه آموختید. به احتمال

خیلی زیاد ابتدا با اصول انجام کار آشنا شدید و نکاتی به شما گفته شد و سپس با به کار بستن آن نکات مهارت خود را تقویت کردید. سخنرانی کردن هم اصولی دارد که بهتر است در حین یاد گیری این اصول تمرینات مربوط به هر بخش را نیز انجام دهیم.

برای اجرای یک سخنرانی بی نظیر تنها کافی است که:

۱ـ پیش نیازهایی را برآورده کنیم.

۲ـ در اجرا بهترینِ خود باشیم.

۳ـ هر سخنرانیِ خود را به درستی تحلیل کنیم.

اینها دقیقاً مطالبی هستند که با خواندن این کتاب بر آنها مسلط خواهید شد.

قبل از اینکه مباحث حرفه‌ای سخنرانی را آغازکنیم، ابتدا باید پیش نیازهایی را برآورده کنیم زیرا پرشِ بدون آمادگیِ قبلی در آب، غرق شدن را به همراه دارد. سخنرانی بدون آمادگی و پیش نیاز قبلی دقیقاً به همین اندازه خطرناک است. آماده نشدن برای چیزی، آماده شدن برای شکست است.

فصل اول پیش نیازها

پیش نیازها:

اولین پیش نیاز: حذف جا پُرکن‌ها

مغز من و شما دوست ندارد که وقتی صحبت می‌کنیم، جای خالی در کلاممان باشد. به همین دلیل وقتی که در حال جستجو برای کلمه و جمله‌ی بعدی هستیم، درجهت پُرکردن جای خالی بین کلمه‌ها از تکیه کلام‌ها مانند «عرضم به حضورتان»، «حقیقتاً» و «در واقع» و یا اصوات اضافی مانند «اِ اِ اِ» کمک می‌گیرد و این امر باعث ضعیف شدن و خسته کننده شدن کلام ما می‌گردد. لازم است برای اجرای یک سخنرانی خوب مشکل این جاپرکن‌ها را حل کنیم.

بهترین راهکار برای حل این مشکل این است که یک کش پول به دورِ مچ دستتان ببندید و هر بار که از جا پرکن‌ها استفاده کردید، این کش را بکشید و رها کنید. بعد از چند روز باید به شما تبریک گفت!! چرا که دیگر خبری از این عبارات و اصوات زائد درکلام شما نخواهد بود.

حال که جا پرکن‌ها را حذف کردیم، بهتراست چیزی جایگزین آنها کنیم. بهترین گزینه برای جایگزینی آنها، "سکوت" است. برای مثال جملات زیر را بخوانید:

«حالت اول؛ با اِ...» :

اِ... من امروز می‌خواهم در واقع اِ... این کتاب را بخوانم.

«حالت دوم؛ بدون اِ...» :

من امروز می‌خواهم این کتاب را بخوانم.

«حالت سوم؛ جایگزینی جاپرکن‌ها با مکث»:

من [مکث] امروز[مکث] می‌خواهم [مکث] این کتاب را بخوانم.

همانطور که مشاهده کردید وقتی اضافات کلامی را حذف می‌کنیم و مکث (سکوت چند ثانیه‌ای) را جایگزین می‌نماییم، کلام ما بسیار قدرتمند می‌شود.

دومین پیش نیاز: افزایش اعتماد به نفس

آیا افرادی را می‌شناسید که در هر جمعی می‌درخشند و در هر شغلی موفق هستند و دیگران همواره آنها رادوست دارند؟ من همیشه برای این موضوع آقای پژمان جمشیدی فوتبالیست و هنرپیشه‌ی معروف کشورمان را مثال میزنم، که با وجود همه‌ی انتقادهایی که از ورود او به عرصه‌ی بازیگری شد، توانست به موفقیت چشمگیری دست یابد و یکی از مهمترین جوایز در زمینه‌ی بازیگری را از آن خود کند. رمز موفقیت ایشان برخورداری از اعتماد به نفس بالا و اصولی بوده است. در حالی که همه در مورد تجربه‌ی بازیگری آقای جمشیدی، برطبل نشدن می‌کوبیدند، ایشان به مسیر خود ادامه داد و سرانجام به موفقیت رسید. بی‌اعتنایی آقای جمشیدی به نظرات و حرف‌های ناامیدکننده‌ای که درباره‌ی خود می‌شنید، ناشی از اعتماد به نفس بالا و اصولی ایشان بود. برای افزایش اعتماد به نفس باید ابتدا با مفهومی به نام «خودپنداره» آشنا شویم. خودپنداره یعنی تمام تصورات ذهنی ما از خودمان. یعنی ما چقدرخودمان را می‌پذیریم و به توانایی‌ها و ارزشمندی‌های خود اعتقاد داریم.

برای اینکه خودپنداره‌ی قدرتمندی از خودمان بسازیم باید دو رفتار زیر را انجام دهیم:

الف) تصویرسازی ذهنی: چه کارهایی هستند که فکر می‌کنید نمی‌توانید آنها را انجام بدهید؟ چشم‌هایتان را ببندید و تصورکنید که هم اکنون در حال انجام دادن آن کار به بهترین شکل ممکن هستید. هنگام تصویرسازی باید حواستان باشد که این تصاویر را ازچشم خودتان ببینید (از زاویه‌ی دید اول شخص). تجربه نشان داده است که بهترین تصویر ذهنی برای یک سخنران تصویری است که در آن سخنرانی او پایان یافته و مخاطبان ایستاده و با شدت وی را تشویق می‌کنند. این تصویرسازی به طور معجزه‌آسایی سبب افزایش انگیزه و اعتماد به نفس سخنران پیش ازسخنرانی می‌شود.

ب) عبارات تاکیدی: دومین راهکار برای افزایش اعتماد به نفس استفاده از عبارتهای تاکیدی مثل: «من می‌توانم»، «بهترین خودم هستم»، «من ستاره زندگی خودم هستم» و... می‌باشد که سبب ایجاد باورهای درست و مثبت در ذهن ما می‌شود.

«دارن هاردی» سردبیر مجله موفقیت و یکی از بزرگترین سخنرانان دنیا می‌گوید: «چیزی را انتخاب می‌کنید که به آن باور دارید. چه بخواهید چه نخواهید.» عبارات تاکیدی با تاثیرگذاری بر ناخودآگاه ما، سبب می‌شوند تا موفقیت خود را باور داشته باشیم، و مطابق گفته‌ی دارن هاردی، وقتی موفقیتمان را باور داشته باشیم، آن را به عنوان مقصود خود انتخاب کرده‌ایم.

البته این نکته را به یاد داشته باشیم که مهمترین رکن اعتماد به نفس «مهارت» است. باورها در کنار داشتن «مهارت» است که می‌توانند اعتماد به نفس ما را افزایش دهند. صرفاً با داشتن باورهای درست و بدون کسب مهارت، نمی‌توانیم صاحب اعتماد به نفس مطلوب باشیم.

برای مثال صرفاً با استفاده از جملات تأکیدی نمی‌توان اعتماد به نفس را افزایش داد؛ بلکه ترکیبی از «مهارت» و مواردی که ذکر شد می‌تواند به ما کمک کند اعتماد به نفس خود را افزایش دهیم و خودپنداره‌ی بهتری از خود بسازیم.

سومین پیش نیاز: بسترسازی ارتباطی با مثلث طلایی

تا به حال با افرادی مواجه شده‌اید که حتی قبل ازاینکه با آنها صحبت کنید مِهرشان به دلتان نشسته باشد؟ این افراد در واقع قبل از صحبت کردن، با شما ارتباط برقرارکرده‌اند. اما چگونه؟!

سه عامل در چهره‌ی ما وجود دارد که ما در اینجا آنها را مثلث طلایی ارتباطات می‌نامیم. ضلع اول این مثلث چشم‌های ما هستند که نقش به سزایی در ارتباطات ما ایفا می‌کنند. حتما می‌پرسید چگونه؟ چشم‌ها با برقرارکردن ارتباط چشمی که موجب صمیمیت و قدرتمندتر شدن ارتباطات می‌شود، نقش خود را ایفا می‌کنند. باید بدانیم که کلام ما به جایی هدایت می‌شود که به آن نگاه می‌کنیم. البته توجه کنید که برای برقراری ارتباط کلامی مؤثر، در ۶۰ تا ۷۰ درصد مواقع است که باید به چشم‌ها و اطراف چشم‌های مخاطبان نگاه کنید؛ نه کمتر و نه بیشتر.

ضلع دوم مثلث طلایی ارتباطات گوش‌های ما هستند. ما همیشه کمتر توجه داریم که در ارتباطات، گوش دادنِ صحیح بسیار مؤثر و مهم است. برای تاثیرگذاریِ بیشتر در ارتباط،

هنگامی که طرف مقابلمان صحبت می‌کند، باید به خوبی حرف‌های او را بشنویم و با حرکات سر (نه بیش ازحد) و سؤال‌های کوتاه (نه به حدی که طرف مقابل تصور کند که در حال عوض کردن بحث هستید) توجه خود را نشان دهیم. این وضعیت هنگامی که مخاطب شما در زمان سخنرانی از شما سوال می‌پرسد، سبب قوی‌ترشدن ارتباط شما و مخاطب می‌شود.

ضلع سوم لب‌های شما هستند. کمدین مشهور «چارلی چاپلین» می‌گوید: «روز بدون خنده، روز هدر رفته است.» لبخند به شکل معجزه آسایی کلام شما را نافذ و ارتباطتان را مؤثر و قوی می‌کند. با دانستن این واقعیت، از امروز اگر روزی را بدون هدیه کردن لبخند به دیگران به پایان برسانید، متاسفانه باید گفت در آن روز فرد تاثیرگذاری نبوده‌اید.

یک تمرین کاربردی:

در طول روز سعی کنید با ایجاد و تقویت مثلث طلایی ارتباطات (ارتباط چشمی، گوش دادن مؤثر و لبخند زدن) ارتباطات بیشتری با دیگران برقرار کنید و به این نکته توجه کنید که افراد چه اندازه تمایل بیشتری برای صحبت کردن با شما نشان می‌دهند، چرا که شما به فرد بهتری برای برقراری ارتباط کلامی تبدیل شده‌اید.

چهارمین پیش نیاز: رفع خجالت

«خجالت» ازآن دسته موانعی است که ما در ذهنمان بیش از حد بزرگشان می‌کنیم.

خجالت باعث می‌شود کاری را که دوست داریم انجامش بدهیم، به دلیل تفکرات اشتباه یا ترس از کافی نبودن مهارتمان انجام ندهیم. برای مثال فردی که تمایل شدیدی به سخنرانی کردن دارد، امّا به دلیل تصورات نادرست از قضاوت‌های دیگران و ترس‌های غیرمنطقی این کار را انجام نمی‌دهد، در دام خجالت افتاده است.

با درک این نکته که گرفتاری ما در دام خجالتِ نابجا، زاییده‌ی افکار نادرست خودمان است، در می‌یابیم که اگر بتوانیم تفکراتمان را اصلاح کنیم و توأمان مهارتمان را افزایش دهیم، خجالتی بودنمان به خودی خود تا حد قابل قبولی از بین می‌رود. اما چه کارهایی کمک می‌کنند تا افکاری که از ما شخصی خجالتی می‌سازد، با اعتماد به نفس و افکار همسو با آن جایگزین

کردند؟ به راهکارهای زیر توجه کنید.

۱ـ فیلم گرفتن ازخود: اگر از سخنرانی که قرار است در یک جمع انجام دهید به دلیل خجالت کشیدن واهمه دارید، بهترین کار این است که در خلوت خود، شرایطی مشابه شرایط آن سخنرانی (به لحاظ لباس، نوع بیان، مدل مو و...) فراهم نمایید و شروع به صحبت کنید و از صحبت‌های خود فیلم تهیه کنید. بارها و بارها این تمرین را تکرار و فیلم‌ها را مشاهده کنید. این کار در ابتدا ممکن است سخت یا بی‌فایده به نظر برسد، اما بعد از چند بار انجام این تمرین تاثیر آن را روی احساسی که نسبت به سخنرانی پیش‌رو دارید، کاملاً حس خواهید کرد.

۲ـ توجه به نکات مثبت خود: این راهکار سبب افزایش اعتماد به نفس ناگهانی شما خواهد شد. خیلی از مردم به این دلیل خجالتی هستند که فکر می‌کنند ارزشمند نیستند. آنها در واقع دچار خودکم‌بینی شده‌اند. دلیل اصلی خودکم‌بینی عدم خودباوری و توجه بیش ازحد به نکات منفی زندگی است. حال بیایید ورق را برگردانیم و به جای این کار به نکات مثبت زندگی و شخصیتمان توجه کنیم.

بهترین راهکار برای رسیدن به این توجه، شکرگزاری است زیرا هنگام شکرگزاری از خدا، ما بیش از هر زمانی به نکات مثبت زندگی خود توجه می‌کنیم. البته توجه به دو نکته‌ی بسیار مهم در اینجا ضرورت دارد: اول اینکه برای شکرگذاری زمانی مشخص کنید. بهترین زمان قبل از خواب و همچنین، بلافاصله پس ازبیدارشدن است، زیرا مغز شما در این شرایط در بالاترین تراز انرژی خود قراردارد. نکته دوم این است که شکرگزاری برای اثربخش بودن، بایستی با احساس خوب همراه باشد. چنانچه افکار منفی مانند: «اگرسخنرانی من خراب شد چه؟ اگر به من توجه نکردند چه؟ و...» دارید، شکرگزاری را به زمان دیگری موکول کنید تا تأثیرگذاری بیشتری داشته باشد.

پنجمین پیش نیاز: رهایی از افکار منفی

لطفاً به موش قرمز فکر نکنید! تصویر چه موجودی در ذهن شما نقش بست؟ به احتمال خیلی زیاد موش قرمز مغز انسان به ویژه بخش ناخودآگاه آن، توانایی پردازش افعال منفی را ندارد. پس برای رهایی از افکارمنفی (که ممکن است سخنرانی‌تان را حسابی به هم بریزند) لازم است که از توجه به آنها توجه اکیداً خودداری کنیم. چگونه؟ با جایگزینی آنها با افکار مثبت.

به جای توجه به اینکه ممکن است چه فجایعی هنگام سخنرانی به وجود بیاید، به این موضوع فکر کنید که اگر سخنرانی فوق‌العاده‌ای داشته باشید چقدر می‌تواند سبب ارتقای جایگاه اجتماعی شما شود.

البته لازم است بدانیم که مغز ما انسانها به طور خودکار، تمایل بیشتری به منفی نگری دارد زیرا منفی نگری طی هزاره‌ها و قرن‌های متمادی، سبب بقای نسل بشر شده است. بنابراین اگر با تهاجم افکار منفی رو به رو می‌شوید بدانید که مشکل از شما نیست و همه انسان‌ها تجربه‌ی این افکار را دارند.

بهترین کاری که می‌توانید انجام دهید این است که با روش‌های ذهن آگاهی مثل مدیتیشن به آنچه در ذهن شما می‌گذرد، آگاه و مسلّط شوید و سپس افکار مثبت را همانطور که گفته شد جایگزین کنید.

ششمین پیش نیاز: مدیریت ترس از سخنرانی

آمارها نشان می‌دهند میزان ترس از سخنرانی از ترس از مرگ نیز بیشتر است! اما به نظر شما چرا این بخش را حذف ترس از سخنرانی نامگذاری نکرده‌ایم؟

دلیلش این است که ترس از سخنرانی اجتناب‌ناپذیر است. باید بدانیم که همواره مقادیری از این ترس همراه ما خواهد بود. در واقع می‌توان مقدار این ترس را به صفر نزدیک کرد اما نمی‌توان آن را به صفر رساند. و این خوب است! چرا که استرس تا حدی می‌تواند به افزایش بازدهی منجر شود و ما را ازافتادن در دام بی‌خیالی و تمرین نکردن و آماده نشدن برای

سخنرانی باز می‌دارد. اما این ترس نباید از حد معینی بیشتر شود و در اجرای سخنرانی ما اختلال ایجاد کند. باید آن را کنترل کرد تا از حد طبیعی خود فراتر نرود.

اولین دلیل ترس ازسخنرانی آماده نبودن برای سخنرانی است. برای کسب بیشترین آمادگی بلافاصله پس از انتخاب موضوع اصلی سخنرانی، دفترچه‌ای به همراه داشته باشید و هر سوالی که در رابطه با آن موضوع ممکن است از سوی مخاطبان مطرح شود را بنویسید و پاسخ آن را بیابید.

تا آنجا که می‌توانید اطلاعات جامعی درباره مخاطبان و سوالاتی که ممکن است مطرح کنند جمع‌آوری کنید. این آمادگی تا حد زیادی خیالتان را راحت و استرس شما را کم می‌کند.

دومین دلیل ترس ازسخنرانی معمولاً این است که تا به حال این کار را انجام نداده‌ایم. طبیعتاً با هربار تجربه‌ی سخنرانی، این ترس کمرنگ‌تر می‌شود. راز بزرگ این مسئله همین است که تا آنجا که می‌توانید سخنرانی کنید و از هر جمعِ بیش از سه نفر برای تمرین کردن استفاده کنید. این تمرین است که بیش از هر تمهید دیگری معجزه می‌آفریند و ترس شما از سخنرانی را به شدت کاهش می‌دهد. برای اینکه بهتراین مطلب را درک کنید و به کار ببندید، باید با مسیرهای عصبی آشنا شوید.

هفتمین پیش نیاز: آشنایی با ساختار مسیرعصبی

در ذهن شما نزدیک به ۱۰۰ میلیارد نورون (سلولهایی که بخش زیادی ازمغزانسان را تشکیل می‌دهند) وجود دارد که هر یک از این نورون‌ها با هزاران نورون دیگر در ارتباط هستند. وقتی شما می‌خواهید کاری را انجام دهید، باید پیام آن در مغز ایجاد شود. برای این کار نورون‌ها با یکدیگرارتباط برقرار می‌کنند.

فاصله‌ی بین چند نورونی که در مغز به انجام دادن کار معینی اختصاص داده شده‌اند، در ابتدا زیاد است. اما پس از چند بار تکرارِ آن کار، فاصله‌ی بین این نورونها کم می‌شود و این سلولهای عصبی راحت‌تر با یکدیگر ارتباط برقرار می‌کنند. به همین دلیل است که پس از چند بار تکرارکردنِ یک کار آن را راحت‌تر و بهتر از دفعات ابتدایی انجام می‌دهیم. بیایید مثالی را با

هم مرور کنیم؛ روز اولی که می‌خواستید مهارتی مثل رانندگی را یاد بگیرید به یاد بیاورید. به خاطر بیاورید که چقدر پیداکردن دنده، آینه، پدال، گاز و... برایتان سخت بود. حال رانندگی امروزتان را با روز اول مقایسه کنید. آیا هنوزهم پیداکردن دنده و آینه و پدال و برقراری هماهنگی بین حرکاتتان آنقدر برایتان دشوار است؟ مسلماً خیر. اما چرا؟ چون پس از بارها و بارها تکرارعملِ رانندگی، مسیرعصبی رانندگی در مغزتان قوی تر شده است. در حدی که حالا حتی می‌توانید هنگام رانندگی چیزی بخورید، با کسی صحبت کنید و...، اما همچنان بدون مشکل و نگرانی به رانندگی خود ادامه دهید.

مثال‌های بسیار دیگری هم درباره مسیر عصبی و تقویت آن به واسطه‌ی تکرار کارها می‌توان ذکر کرد. اما چگونه باید مسیرهای عصبی قوی و سریع ساخت؟

با مثالی که آوردیم شاید فهمیدنش دشوار نباشد که بزرگترین رمزِ ساختِ مسیر عصبیِ صحیح «تکرار» است. همانطور که پیشتر گفته شد، وقتی که عملی را تکرار می‌کنید، نورون‌های مخصوص آن عمل در مغز به هم نزدیکتر شده و مسیر عصبی آن عمل تقویت می‌گردد.

اما مسیرهای عصبی لازم برای یک سخنران کدام هستند؟

مسیرعصبی سخنرانی کردن:

به یاد دارید در پیش نیاز قبلی چه تمرینی را به شما معرفی کردیم؟ تمرین صحبت کردن برای جمع بیش ازسه نفر. چون می‌خواستیم با تکرار کردن سخنرانی در جمع مسیر عصبی این عمل در ذهن شما تقویت شده و سریعتر عمل کند. حال با توجه به آنچه که از مسیرهای عصبی دانستید، دوباره از شما می‌خواهیم هر جا که فرصت پیش آمد سخنرانی کنید و هرگز به اینکه ممکن است دیگران چه فکری درباره‌تان کنند توجه نکنید.

مسیر ارتباط چشمی و لبخند زدن

مثلث طلایی ارتباطات را به یاد دارید؟ برای ایجاد مسیرعصبی مرتبط با آن، لازم است که وقتی در برخوردهای روزه‌مره‌تان با دیگران صحبت می‌کنید، ارتباط چشمی برقرارکنید و به

طرف مقابل لبخند بزنید. البته تا جایی که عرف جامعه به شما اجازه‌ی این کار را می‌دهد. این تمرین مهم سبب تقویت مسیر عصبی مرتبط با مثلث طلایی ارتباط می‌شود و به افزایش قدرت اثرگذاری سخنرانی شما می‌انجامد.

هشتمین پیش نیاز: عملی کردن دانسته‌ها

تمام اطلاعاتی که تاکنون از این کتاب دریافت کرده‌اید و اطلاعاتی که در آینده دریافت خواهید کرد را به هرشکلی شده به کار ببندید و سعی کنید آنها را به دیگران نیز آموزش دهید تا یادگیری شما به بالاترین سطح برسد.

زندگی در دنیای امروزی، ما انسان‌ها را به طور دائم در معرض اطلاعات مختلف قرار می‌دهد. ما در عصرِ «بمباران اطلاعات» زندگی می‌کنیم.

در چنین دنیایی، افرادی می‌توانند موفق باشند که قادرند اطلاعاتی که جمع‌آوری می‌کنند را به کار ببندند. تحقیقات مختلف نشان داده‌اند که اگر فرد برای خود برنامه‌ی اجرایی داشته باشد، احتمال اقدام کردن بسیار بیشتر است. بنابر این به شما پیشنهاد می‌کنیم برای خودتان برنامه‌ای از تمرینات سخنرانی بچینید. دقیقاً مشخص کنید هر روز چه میزان زمان به تمرینات اختصاص خواهید داد و در چه ساعتی از شبانه‌روز این تمرینات را انجام می‌دهید (برای مثال قبل از شام). این کار سبب می‌شود که شما دانسته‌های خود را عملی کنید.

نهمین پیش نیاز: سخنرانیِ تمرینی

حال که مطالب پیشین را فراگرفته‌اید، زمان آن رسیده که چند سخنرانی تمرینی انجام دهید. ابتدا باید متن سخنرانی خود را بنویسید. البته لازم نیست که همه‌ی آنچه را که می‌خواهید در سخنرانی خود بیان کنید، بنویسید. کافیست بخش‌های کلیدی آن (سرتیترها) را بنویسید.

نخست متن سخنرانی خود را چند بار جلوی آینه تمرین کنید. سپس این تمرین را در حضور نزدیکانتان، مثلا اعضای خانواده تان یا هرجمعی که با افراد آن کاملاً راحت هستید، انجام دهید. از آنها بخواهید که فقط و فقط نکات مثبت سخنرانی شما را یادآور شوند. در

مرحله‌ی بعد کار را کمی سخت‌تر کنید و برای جمعی که کمتر از گروه اول با افراد آن راحت هستید، این تمرین را تکرار کنید و از آنها نیز بخواهید که نقاط قوتتان را به شما بگویند. در ابتدا شاید این تمرین سخت به نظر برسد، اما انجام دادن این تمرین شروعی طوفانی برای سخنرانی کردن است.

بعد از انجام تمرین، نقاط قوتی که به شما گفته شده را در برگه‌ای بنویسید. تعداد آنها خیلی مهم نیست. مهم این است که شما جسارت درخواست کردن و سخنرانی کردن را به دست آورده‌اید.

دهمین پیش نیاز: افزایش دایره‌ی لغت

در یکی از اولین دوره‌های آموزشی که به تدریس نحوه‌ی سخنرانی می‌پرداختم، بین افرادی که آموزش می‌دیدند، با فردی آشنا شدم که علاقه‌ی زیادی به سخنرانی کردن داشت، اما همواره از مسأله‌ی خاصی نگران بود. او همیشه می‌گفت دایره‌ی واژگان من بسیار محدود است و این اشکال سخنرانی را برایم ناممکن یا بسیار دشوار می‌کند. برای این که نگرانی او برطرف شود راهکاری به او پیشنهاد دادم: از او خواستم یک فایل صوتی ۵ دقیقه‌ای با صدای خود ضبط کند و به این فایل گوش کند و کلماتی که تکرار می‌شوند را در دفترچه‌ای بنویسد. سپس برای این کلمات تکرار شونده، مترادف‌هایی بیابد. از او خواستم بعد از یافتن مترادف‌ها، یک فایل صوتی دیگر، این بار با استفاده از واژه‌های جدیدی که جمع‌آوری کرده است، ضبط کند. نتیجه‌ی انجام این تمرین، این بود که پس از مدتی، نگرانی او از این بابت کاملاً برطرف شد، زیرا دایره‌ی واژگان او بزرگتر شده بود.

شما هم می‌توانید با انجام این تمرین هر بار چندین کلمه‌ی جدید یاد بگیرید که هم معنی هستند و استفاده از آنها سبب افزایش تنوع سخنرانی شما و بزرگ‌تر شدن دایره لغاتتان می‌شود.

یازدهمین پیش نیاز: کشف رسالت از سخنرانی

حال که چند بار سخنرانی را تمرین کرده‌اید، باید بدانید که می‌خواهید در کدام حیطه به سخنرانی و تدریس بپردازید. حیطه‌ی سخنرانی شما به احتمال خیلی زیاد یکی از چند موضوع زیر است. بنابراین هر کدام از موضوعات زیر که احساس می‌کنید می‌توانید درباره‌ی آن سخنرانی کنید و به آن علاقه دارید را تیک بزنید (تاسقف۱۰مورد). و سپس آنهایی را که تیک زده‌اید اولویت‌بندی کنید تا حیطه سخنرانی خود را بشناسید و از این پس درباره‌ی این موضوعات اولویت‌بندی شده اطلاعات جمع‌آوری نمایید.

۱. مهارت‌های ان ال پی	۳۱. بهبود فردی
۲. ساخت اپلیکیشن موبایل	۳۲. پرورش ذهن و تقویت حافظه
۳. روابط بین پسر و دختر	۳۳. تربیت فرزند
۴. ارتباط مؤثر والدین و فرزندان	۳۴. تربیت فرزندان بدقلق
۵. ارتباط مؤثر زوجین	۳۵. تصمیم‌گیری
۶. آموزش مهارت‌های ارتباطی	۳۶. تغییر و اصلاح باورها
۷. ارتباطات جمعی و بین‌المللی	۳۷. تفکر خلاقانه
۸. سخنرانی و فن بیان	۳۸. تفکر سیستمی
۹. تناس اندام	۳۹. تندخوانی و روشهای صحیح مطالعه و موفقیت
۱۰. ازدواج موفق	۴۰. توانمندسازی بانوان
۱۱. استخدام شدن	۴۱. تولید محتوای دیجیتال
۱۲. استخدام اصولی کارکنان	۴۲. ثروت و کسب درآمد
۱۳. استراتژی سازمان‌ها	۴۳. حسابداری
۱۴. استراتژی کسب و کار	۴۴. حسابداری و مدیریت مالی خانواده‌ها
۲۹. بازاریابی و فروش بیمه	۴۵. حل تعارض در خانواده
۳۰. طراحی و ساخت فرآیندها	۴۶. حل مسئله

۴۷. خلاقیت
۴۸. رابط کاربری نرم‌افزارها
۴۹. رشد فکری
۵۰. رفع اهمال کاری
۵۱. رفع خجولی
۵۲. سبک زندگی
۵۳. سرمایه گذاری
۵۴. سئو و بهینه سازی سایت
۵۵. شخصیت شناسی
۵۶. شخصیت شناسی ویژه مدیران
۵۷. شروع استارت آپ (کسب و کار)
۵۸. طب سنتی
۵۹. طراحی سایت
۶۰. طراحی کسب و کار
۶۱. فروشندگی حرفه‌ای
۶۲. فضای مجازی ویژه کودکان
۶۳. فن بیان
۶۴. فن بیان کودکان
۶۵. قانون جذب
۶۶. کارآفرینی
۶۷. کارآفرینی و تبدیل ایده به محصول
۶۸. راه‌اندازی کسب و کارهای اینترنتی
۶۹. کنترل خشم
۷۰. گرافیک
۷۱. گرافیک سایت
۷۲. گردشگری و روش‌های جذب توریست
۷۳. مدیریت آموزشی
۷۴. مدیریت خویشتن
۷۵. مدیریت زمان
۷۶. مدیریت مالی سرپرست خانواده‌ها
۷۷. مدیریت منابع انسانی
۸۸. مهارت‌های زندگی و سلامت روان
۸۹. مهارت‌های خودشناسی
۹۰. مهارت‌های کارمندی
۹۱. مهارت‌های معلمی
۹۲. مهارت‌های تغییر دیگران
۹۳. مهارت‌های ارتباط مؤثر
۹۴. مهارت‌های ارتباطی ویژه مدیران

فصل دوم: صداسازی

صداسازی

ممکن است در تمرینات خود متوجه شده باشید (یا به شما گفته شده باشد) که صدایتان به خوبی به گوش نمی‌رسد، یا لحن خسته کننده‌ای در سخنرانی دارید. از آنجا که این امر از مشکلات رایج افرادی است که فراگیریِ نحوه‌ی صحیح سخنرانی کردن را آغاز کرده‌اند، لازم است این بخش را به موضوع بسیارمهم «***صداسازی و ایجاد لحن***» اختصاص دهیم.

استیوجابزگفته است: «نحوه‌ی ارائه‌ی هرچیزاهمیت آن رامشخص می‌کند.» ما دائماً در حال ارائه کردن «خود» (شامل افکار، احساسات و سایر ابعاد وجودی و شخصیتیمان) با صدای خویش هستیم. بنابراین صدای ما به عنوان ابزاری که با آن خود را ارائه می‌کنیم، نقش مهمی در زندگی ما ایفا می‌کند. برای یک سخنران، مهمترین بخشِ صدا بُردِ آن است. یعنی بلندیِ تُن صدای سخنران در حدی باشد که افراد نزدیک‌تر اذیت نشوند و در عین حال افراد دورتر به راحتی متوجه صحبت‌های او بشوند. برای دستیابی به این مهم باید چند تمرین را انجام دهید.

۱ـ تمرین خودکار: بسیاری از افراد از صدای قدرتمندی برخوردار نیستند، به این دلیل که به درستی از فکشان استفاده نمی‌کنند. برای اینکه بتوانید صدای قدرتمندی داشته باشید، ابتدا باید فک خود را تقویت کنید. به این منظور، انتهای خودکار را به این صورت بین دندانهای جلویی‌تان قراردهید:

و حال سعی کنید به مدت ۲ـ۳ دقیقه به شکل اغراق‌آمیز طوری که گونه‌هایتان بی‌حس شود یا درد بگیرد، با تن صدای بالا حرف بزنید. این تمرین را هر روز حداقل یک یا دو بار انجام دهید تا در میان مدت تأثیر فوق‌العاده‌ی آن را احساس کنید.

۲ـ تمرین بلندخوانی: یک پاراگراف از یک کتاب را انتخاب کنید و آن را با صدایی نزدیک به فریاد بخوانید. هر زمان که گلویتان دچار سوزش یا درد شد، تمرین را متوقف کنید و کمی آب گرم بنوشید و پس از مدتی به تمرین ادامه دهید. توجه داشته

باشید که در این تمرین یک پاراگراف خاص را تکرار نمایید و هر روز این تمرین را انجام دهید تا تأثیر فوق‌العاده‌ی آن را در قدرت صدایتان احساس کنید.

۳-تنفس دیافراگمی: آیا در سخنرانی تمرینی احساس تنگی نفس به شما دست می‌دهد؟ کاملاً طبیعی است، چون احتمالاً هنوز روش نفس کشیدن شما برای سخنرانی مناسب نیست و برای اینکه روش تنفس شما مطلوبِ سخنرانی باشد، باید سه مرحله‌ی زیر را به ترتیب طی کنید. (هر مرحله بایستی چند روز تکرار شود و سپس وارد مرحله‌ی بعدی شوید.) در هر یک از مراحل زیر هوا را از بینی وارد بدن کنید تا حدی که شکمتان باد کند و بعد با ریتم یکنواخت هوا را از دهان خارج کنید. لازم است دوباره تأکید کنیم که تا مرحله‌ی یک را به طور کامل انجام نداده‌اید، به مرحله‌ی بعدی نروید. توصیه می‌شود این کار را تا زمانی که دیگر هنگام نفس کشیدن به خودی خود شکمتان افزایش حجم دهد، انجام دهید.

مرحله‌ی اول: ایستاده

در این مرحله فشار خیلی زیادی احساس نخواهید کرد. چرا که وقتی ایستاده‌اید، شکمتان به راحتی افزایش حجم پیدا می‌کند و در شرایط ایستاده تنفس دیافراگمی خواهید داشت. در این مرحله نفس عمیق بکشید و شانه‌ها را ثابت نگه دارید تا شکمتان با دم به جلو (بیرون) و با بازدم به عقب (داخل) حرکت کند.

مرحله‌ی دوم: خوابیده

در این مرحله بایستی بدنتان را در این حالت قرار دهید.

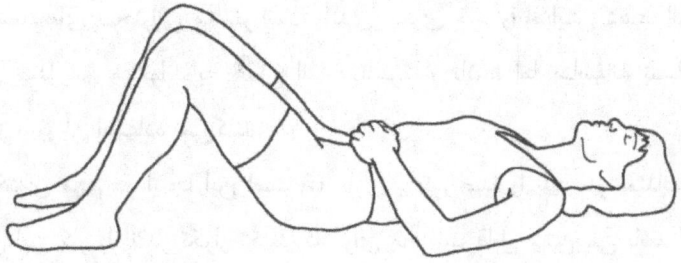

این مرحله مهمترین مرحله است و کمک شایانی به تنفس صحیح شما هنگام سخنرانی می‌کند. مانند تصویر دراز بکشید و دستهایتان را روی شکمتان قرار دهید. با دستهایتان حرکت شکم در زمان دم و بازدم را احساس کنید. این تمرین مؤثرترین و یکی از راحت‌ترین تمرینات تنفسی است. بعد از مدتی تمرین می‌توانید یک شیء مانند کتاب را روی شکمتان قرار دهید تا تمرین برایتان چالش برانگیزتر شود.

مرحله‌ی سوم: نشسته روی صندلی

این مرحله سخت‌ترین مرحله است. شاید هفته‌ها و ماه‌ها زمان نیاز داشته باشید تا بتوانید در حالت نشسته به حد کافی تنفس صحیح دیافراگمی داشته باشید. در این مرحله نیز شانه‌ها را ثابت نگه دارید تا تنفس به صورت دیافراگمی صورت گیرد.

ایجاد لحن

هرگاه لحن شما در سخنرانی یکنواخت شود توجه مخاطب ازدست می‌رود. برای ایجاد لحن، جملاتی که روزانه با آنها برخورد دارید را با حالت‌های متفاوتی بخوانید و توجه داشته باشید زبان بدن شما کاملاً با آنها هماهنگ باشد. مثلاً هنگام خواندن جملات با لحن‌های تعجبی، باید تعجب را در چهره خود نمایان کنید.

حالت‌های مهمی که می‌توانید جملات را در قالب آنها ادا کنید از قرار زیر هستند:

تعجب ــ سوالی ــ خشم ــ ترس ــ غرور ــ خوشحالی ــ ناراحتی ــ شک و تردید و...

نکته‌ی مهم بعدی در ایجاد لحن، بازی با تن صدا است. برای این کار بایستی سعی کنید بلندی صدایتان یکنواخت نباشد، یعنی هنگام رسیدن به جایی از سخنرانی که نسبت به سایر قسمت‌های سخنرانی مهم‌تر است بلندیِ صدای خود را افزایش دهید. البته که کاهش تن صدا هم می‌تواند به همان اندازه تاثیرگذار باشد، اما متاسفانه بسیاری از سخنران‌ها از تاثیر آن استفاده نمی‌کنند.

یک نکته‌ی مهم در اینجا این است که بازی با تن صدا را باید هوشمندانه انجام دهید. یعنی این کار را آنقدر تکرار نکنید که برای مخاطب قابل پیش‌بینی باشد که چه

زمانی می‌خواهید بلندی صدایتان را افزایش یا کاهش دهید. فراموش نکنید حتماً در برخی مواقع تن صدا را کاهش دهید، به حدی که مخاطب برای شنیدن صحبت‌های شما به سختی بیفتد.

فصل سوم: طراحی متن سخنرانی

۳۶ | نردبان سخنرانی

طراحی متن سخنرانی

حال که موفق شدید مهارت‌های لازم برای یک سخنرانی قدرتمند را بیاموزید، زمان آن رسیده است که متن سخنرانی مورد نظرتان را تهیه کنید.

البته قرار نیست شما سخنرانی خود را از روی این متن بخوانید، بلکه نوشتن فقط قرار است در به خاطرسپاری (که جلوتر خواهید خواند) و چیدمان محتوا به شما کمک کند. اما با این حال، نوشتن متن حداقل به صورت خلاصه لازم است.

سخنرانی نیز مانند هر فرآیند دیگری، ابتدا، میانه و انتهایی دارد. لطفاً به نمودار زیر توجه کنید:

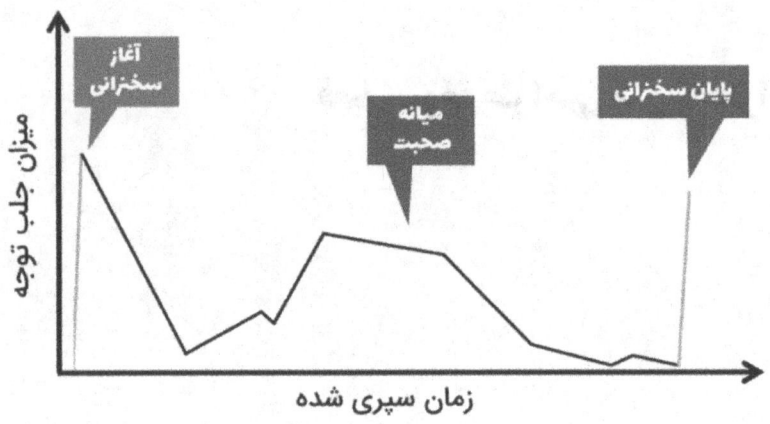

آغاز سخنرانی
پایان سخنرانی

همان طورکه مشاهده می‌کنید، در ابتدای صحبت‌های شما مخاطبان توجه زیادی به خرج می‌دهند، به این دلیل که می‌خواهند شما و سخنرانی‌تان را بسنجند. اگر بتوانید در همان ابتدای صحبت نظرشان رابه خود جلب کنید، به احتمال خیلی زیاد سخنرانی فوق‌العاده‌ای خواهید داشت. جمله معروفی است که در این رابطه بسیار نقل می‌شود: ۳ دقیقه‌ی ابتدای سخنرانی مهمترین بخش آن است.

اما واقعاً چه صحبت‌هایی می‌توان در۳ دقیقه‌ی اول سخنرانی داشت؟

قالب BER:

این قالب معمولا برای بیان یک اتفاق به کار می‌رود.

۱ـ قبل از رویداد:

در این مرحله، از شرایط مختلفِ قبل از روی دادنِ اتفاقی که می‌خواهید آن را معرفی کنید صحبت می‌کنید. این مقدمه سبب آمادگی مخاطبین می‌شود.

۲ـ اتفاق:

اتفاقی که رخ داده را کاملاً واضح بیان کنید. این بخش اشاره‌ای مستقیم به موضوع و هسته‌ی سخنرانی شما است و سبب می‌شود مخاطب با موضوع سخنرانی شما احساس راحتی بیشتری کند.

۳ـ نتیجه:

چه پیامد یا نتیجه‌ای از رخ دادن این اتفاق به وجود آمده است؟ آن را بیان کنید.

مثال:

سال‌های سال بود که نوع بشر فرصت نیافته بود که لحظه‌ای به پیامد کارهایش فکر کند. این که چقدر با رفتارهای مصرف گرایانه‌اش سبب نابودی محیط‌زیست شده است. بشریت برای سالیان متمادی لحظه‌ای به اعمال خود توجه نکرده بود که ناگهان (اتفاق:) مهمانی ناخوانده تمام انسان‌ها را خانه‌نشین کرد. ویروسی به نام کرونا پدیدار شد (کتاب در

۲_ استانی:

وقت آن است که به تأثیرات ایده‌ی خود در سطح استان و چگونگی انجام این کار بپردازید. در این مرحله اهمیت سخنرانی شما قدری بیشتر می‌شود و مخاطبان تصمیم می‌گیرند توجه بیشتری را خرج سخنرانی شما کنند.

۳_ کشوری:

حال زمان آن رسیده که تأثیرگذاری چشمگیر خود را ثابت کنید و حسابی مخاطبان را هیجان زده کنید. اکنون باید ایده‌ی خود در سطح کشور را بگویید.

مثال:

(بعد از معرفی آتشین خود و ایده)؛

مجموعه‌ی مشاوران ما می‌توانند ظرف چند ماه آینده به تعداد زیادی از هم محلی‌های خودمان مشاوره‌ی کسب و کار بدهند و کمک کنند تا کیفیت زندگی آنها و درآمدشان چندین برابر شود. درصدی از درآمد ما صرف زیباسازی فضای این محله خواهد شد.

ما پس از آنکه درآمد قابل توجهی را با مشاوره دادن به کسب و کارهای کوچک هم محلی‌هایمان به دست آوردیم، می‌توانیم در بهترین محل شهر دفتری ایجاد کنیم و از آنجا به تمام شرکت‌ها، سازمان‌ها، موسسات و... در سطح استان خود مشاوره بدهیم تا رتبه اقتصادی استان در کشور بهبود پیدا کند.

پس از این که توانستیم بسیاری از کسب و کارهای استانمان را متحول کنیم، برای کار در سطح کشور دفتری بزرگ و مجلل در قلب تهران، به عنوان دفتر مرکزی خود تاسیس می‌کنیم و......

۴۰ | نردبان سخنرانی

را بیشتر کنید.

برای مثال متن کوتاه زیر با این قالب پیکربندی شده است:

یکی از دلایلی که سبب شده ما ایرانی‌ها کمتر کتاب بخوانیم این است که در ناخودآگاه ما کتاب برابر با استرس تعریف شده است (شب امتحان را به یاد آورید). این مشکل باعث شده که جامعه‌ی ما کمتر بخوانند و در نتیجه کمتر بدانند و متأسفانه محکوم به زندگی در یک جامعه‌ی ناآگاه باشیم. یکی از راه‌های برطرف کردن این مشکل، ترویج فرهنگ کتابخوانی در مدارس از همان مقطع ابتدایی است.

قالب LSF

این قالب بیشتر برای طرح پروژه‌های کشوری یا سخنرانی‌های سیاسی مناسب است.

۱ـ محلی:

در این مرحله باید بگویید ایده‌ی شما چه تاثیری بر منطقه‌ی زندگیتان خواهد گذاشت. به این شکل سخنرانی خود را ساده، اما بسیار تأثیرگذار و ریزبینانه شروع خواهید کرد.

قالب CER

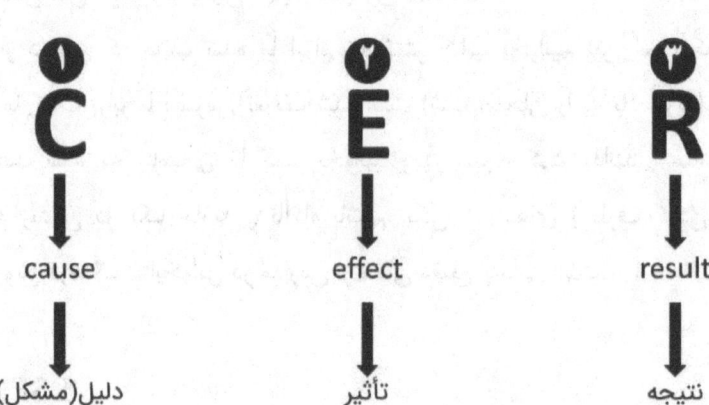

این قالب هنگامی استفاده می‌شود که سخنران مشکلی را شناخته و راه حل آن را نیز یافته است. بسیاری از مخترعان یا افرادی که چیزی ابداع کرده‌اند و قصد رونمایی از آن را دارند، از این قالب استفاده می‌کنند.

این قالب متشکل از بخش‌های زیر است:

۱ـ دلیل:

در بخش اول این قالب، باید دلیل مشکل به وجود آمده را بیان کنید و شاید نیاز باشد با کمی اغراق، اهمیت بالای موضوع را به سمع مخاطبین برسانید.

۲ـ تأثیر:

حال باید تاثیر این مشکل بر جنبه‌های مختلف زندگی را بیان کنید. با این کار شما دلیل محکمی به مخاطبین می‌دهید تا به شما توجه بیشتری کنند و موضوع برایشان اهمیت بیشتری پیدا می‌کند.

۳ـ راه حل:

در مرحله آخر زمان آن رسیده که راه‌حل این مشکل را به مخاطبانتان نشان دهید و آنها را شگفت‌زده کنید. در این بخش نیاز است که کمی هیجان سخنرانی و اجرای خود

پس از یک معرفی جذاب چه باید گفت؟

حال پس از ارائه‌ی یک معرفی جذاب از خودتان، زمان آن رسیده است که شروعی متفاوت برای سخنرانی خود رقم بزنید.

نکته‌ی بسیار مهم در شروع سخنرانی این است که این شروع باید هیجان‌انگیز باشد. برای این کار توجه داشته باشید که شروع سخنرانی‌تان ایده یا موضوع کلی سخنرانی را بیان نکند (لوندهد)، البته تا آنجا که امکان دارد. این بخشی از شروعی است که برای بیشتر سخنرانی‌ها لازم است بیان کنید.

قانونی وجود دارد به نام «قانون ۹۰ – ۹۰» که به ما می‌گوید ۹۰٪ تاثیرگذاری در همان ۹۰ ثانیه‌ی اول رخ می‌دهد.

پس با توجه به اهمیت لحظات آغازین سخنرانی‌تان، باید بدانید همانطور که ضروری است برخی کارها را در شروع سخنرانی انجام دهید، لازم است از انجام بعضی دیگر از کارها خودداری کنید. واقعیت آن است که گاهی موفقیت از «کارهایی که انجام نمی‌دهیم» به دست می‌آید.

یکی از اشتباهات متداول در شروع سخنرانی تشکرهایی است که به شدت از تاثیر کلام ما کم می‌کند. اگر واقعاً نیاز به تشکر کردن از کسی دارید بهتر است این کار را در میانه‌ی صحبتتان انجام دهید.

قالب‌های سخنرانی

برای سخنرانی قالب‌های بسیار جذاب و متفاوتی وجود دارد که می‌توانیم محتوای خود را با آنها پیکربندی کنیم. برای همه این قالب‌ها که با آنها آشنا خواهید شد، بهتراست نکات مربوط به سخنرانی را که با هم بررسی کردیم جدی بگیرید.

معروف‌ترین قالبها برای پیکربندی سخنرانی در سطح جهان از قرار زیر هستند:

معرفی خود

در ابتدای سخنرانی باید خودتان را معرفی کنید تا مخاطبان شما را بشناسند و تصویر کلی شما در ذهن آنها شکل بگیرد. به یاد داشته باشید که در معرفی خودتان سه نکته‌ی زیر را رعایت نمایید:

۱ـ چه کسی هستید ؟

ابتدا باید نام و نام خانوادگیتان را با صدای رسا بیان کنید. برای جذاب‌تر شدن این کار می‌توانید با فرمول زیر پیش بروید:

«نام خانوادگی + هستم + نام و نام خانوادگی»

برای مثال : من گرجیان هستم، نیما گرجیان.

۲ـ رمزآلود وهیجان انگیز باشید.

در مرحله‌ی بعدی بایستی زمینه‌ی فعالیت‌های خود را به گوش مخاطبان برسانید. این بخش هم نباید معمولی باشد، بلکه باید به گونه‌ای باشد که توجه مخاطبانتان را جلب و آنها را متعجب کند.

مثال: من کمک می‌کنم افراد ستاره‌ی زندگی خود باشند.

۳ـ دقیقاً چه کار می‌کنید؟

حال که مخاطبان خود را شگفت‌زده کرده‌اید، زمان آن رسیده است که آنها را راهنمایی کنید و دقیقاً به آنها بگویید شغل یا حرفه‌ی شما چیست و چطور آن کار رمزآلود و هیجان انگیزی را که در ابتدا از آن سخن گفته‌اید، انجام می‌دهید.

برای مثال: من مدرس سخنرانی هستم.

با توجه به مجموع موارد ذکر شده، جملات زیر را به عنوان نمونه خواهیم داشت:

«من گرجیان هستم، نیما گرجیان. من کمک می‌کنم افراد ستاره‌ی زندگی خود باشند. من مدرس سخنرانی و مجری صدا و سیما هستم.»

زمانی که من بدلیل شیوع کرونا در قرنطینه‌ی خانگی به سر می‌برم در حال نوشته شدن است)

و یکی از نتایج مهم ورود این ویروس کشنده به زندگی انسانها، کشیده شدن ترمز رفتارهای مصرف گرایانه‌ی بشر بود و دست کم برای مدتی محیط زیست پاک پاک شد.

و اما مهم‌ترین قالب سخنرانی در تمام جهان که من هم به شما توصیه می‌کنم از این پس از این قالب برای پیکربندی محتوای سخنرانیتان استفاده کنید.

قالب بی نظیر ABCC

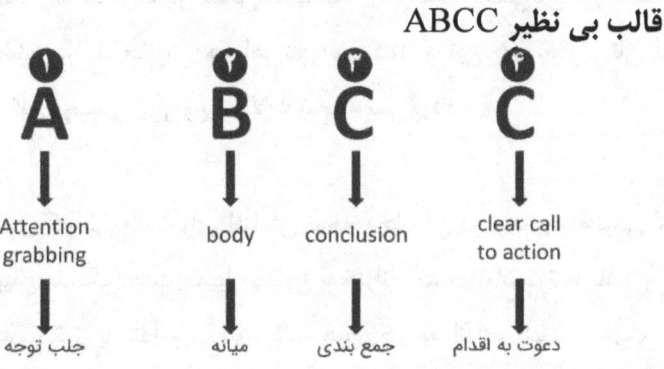

مهم‌ترین قالب سخنرانی در تمام جهان که من هم به شما توصیه می‌کنم از این پس از آن برای پیکربندی محتوای سخنرانی‌تان استفاده کنید، همین قالب است.

۱ـ جلب توجه:

در این بخش باید با شروع انفجاری پس از معرفی خود، حسابی میزان توجه مخاطبین را بالا ببرید و آن ۹۰ درصد تاثیرگذاری ابتدای سخنرانی را همین جا محقق نمایید. برای این کار بهتر است به خلاقیت خود رجوع کنید و یا از شروع دیگر سخنرانان الهام بگیرید. الگوهای بی‌نظیر بسیاری برای شروع سخنرانی وجود دارند که با نگاه کردن به سخنرانی‌های معروف دنیا و نحوه‌ی شروع کردن سخنران می‌توانیم آنها را بشناسیم و به کار بگیریم. در اینجا دو راهکار بسیار معروف و کاربردی و البته ساده را برای شروع سخنرانی با هم مرور می‌کنیم.

ـ **تکنیک پرسش سؤال:** در سخنرانی سؤالات را به دو دسته تقسیم می‌کنیم. سؤالات باز و سؤالات بسته.

سؤالات باز سوالاتی هستند که نیاز به توضیح زیادی دارند، مثل «هدف شما از سخنران شدن چیست»، «تحلیل‌تان از این کتاب به چه صورت است» و... اما سوالات بسته سوالاتی هستند که فقط نیاز به پاسخ‌های کوتاهی مثل بله یا خیر دارند. سوالات بسته بهترین نوع سؤالات برای شروع سخنرانی هستند، چرا که سبب به کارگیری مخاطبان می‌شوند. اما سوالات باز ممکن است شما را از هدف اصلی‌تان دور کنند، چرا که بعضاً مخاطبان در پاسخگویی همراهی‌تان نمی‌کنند و این به سخنرانی‌تان لطمه می‌زند. به طور کلی پرسیدن این نوع سؤالات توصیه نمی‌گردد.

ـ داستان:

راهکار دیگری که می‌توانید برای افزایش توجه مخاطبان در ابتدای سخنرانی از آن استفاده کنید، بیان داستانی است که با موضوع سخنرانی شما کاملاً مرتبط باشد و البته کمی هم هیجان انگیز یا پندآموز. باور کنید هیچ چیز به اندازه داستان نمی‌تواند به سخنرانی شما جذابیت ببخشد. به ویژه اگر این داستان، داستانی از زندگی شخصی شما باشد و برای مخاطبین تازگی داشته باشد.

البته لازم است این نکته را در نظر داشته باشیم که داستانی را برای شروع سخنرانی انتخاب کنیم که با موضوع اصلی سخنرانی مرتبط باشد.

حال که با شروع انفجاری توجه مخاطبان را به سخنرانی خود جلب کرده‌اید، زمان آن است که به مرحله بعدی بروید.

۲ـ میانه:

همانطور که در نمودار میزان توجه مخاطبین مشاهده نمودید، توجه مخاطب در میانه‌ی صحبت‌های شما به حداقل می‌رسد و این علامت خطری است که نشان می‌دهد ممکن است مخاطبان‌تان را از دست بدهید. اما نگران نباشید. با آموختن راهکارهای

فصل سوم: طراحی متن سخنرانی | ۴۵

درست و بکارگیری آنها، در این مرحله هم قطعا موفق خواهید بود. و اما راهکارها:

ـ **درگیر کردن مخاطبان:** از مخاطبان بخواهید عبارتی را بعد از شما تکرار کنند. برای این کار صدای خود را بالا برده و بدنتان را به سمت مخاطبان متمایل کنید و دست‌هایتان را پشت گوشتان بگذارید. با انجام این کار مخاطبان با شما همراه می‌شوند و این احساس به آنها القا می‌شود که در سخنرانی با شما شریک هستند و حضور پررنگی دارند.

ـ **بازی با لحن:**

بخش صداسازی را به یاد دارید؟ هرگاه لحن ما یکنواخت شود توجه مخاطب از دست می‌رود. به هیچ وجه نباید در هیچ کجای سخنرانی لحنتان یکنواخت باشد. راهکارهای جلوگیری از یکنواختی لحن را پیش‌تر در این کتاب آموخته‌اید.

ـ **انجام فعالیت‌های بدنی:** هر جا احساس خستگی مخاطبان را دریافتید، از آنها بخواهید از روی صندلی بلند شوند و چند حرکت کششی ساده انجام دهند. در ادامه و در بخش یخ شکن‌ها بیشتر به این گونه موارد خواهیم پرداخت.

۳ـ جمع‌بندی:

حال که تقریباً در انتهای سخنرانی هستید، زمان آن فرا رسیده که نتیجه‌گیری کوتاهی از هر آنچه در سخنرانی‌تان گذشته داشته باشید و تصویر کلی سخنرانی را در ذهن مخاطبان ایجاد کنید. برای این که جمع‌بندی بهتری داشته باشید، می‌توانید از زبان بدنتان یاری بگیرید و موارد مهمی که ذکر نموده‌اید را همزمان با بیان کردن، با انگشتانتان بشمارید و یا طرح کلی سخنرانی را با ابزاری مانند مایند مپ به مخاطبان نشان دهید.

به یاد داشته باشید که به هیچ عنوان در زمان جمع‌بندی نباید اطلاعات جدیدی به مخاطب اضافه کرد و بهتر است جمع‌بندی تا حد امکان کوتاه باشد.

۴_ دعوت به اقدام

زمان آن رسیده است که مخاطبان را به کاری که می‌خواهید انجام دهند دعوت کنید. هنگام جمع‌بندی، این سوال در ذهن مخاطب نقش می‌بندد که حال سهم من چیست و من باید چه کاری بایستی انجام دهم؟ و حالا زمان پاسخ دادن به این سؤال است. در دعوت به اقدام، با یک جمله تأثیرگذار یا یک پیشنهاد شگفت‌انگیز می‌توانید به مخاطبانتان جهت بدهید و به هدف خود از انجام سخنرانی برسید.

برای اینکه قالب فوق‌العاده‌ی ABCC بهتر را درک کنیم، در ادامه یک مثال از سخنرانی‌های کوتاه خودم که در این قالب انجام شده است را برای شما خوانندگان عزیز می‌آورم. این مثال با لحن عامیانه و دقیقاً به همان صورتی که اجرا شده است آورده می‌شود.

به نام خداوند جان و خرد   کزین برتر اندیشه بر نگذرد

از اینکه امروز در خدمت شما عزیزان هستم بسیار خوشحالم.

من نیما گرجیان هستم و به مردم کمک می‌کنم که ستاره‌ی زندگی خودشان باشند. من مدرس فن بیان و بهبود مهارتهای فردی هستم.

چند نفر از شما دوستان گرامی به وجود شانس اعتقاد دارید؟ لطفاً دستتون رو بالا بگیرید.

متشکرم.

برای اینکه بهتر موضوع را متوجه شویم، ابتدا نیاز داریم بدانیم کلمه‌ی شانس به چه معناست. این کلمه از واژه‌ی انگلیسی "chance" به معنای "فرصت" برگرفته شده، اما آیا شانس تنها به معنای فرصت هست؟ خیر، شانس واقعی یعنی ایجاد فرصت برای خود و استفاده کردن از آن فرصت.

برای اینکه شانس را در زندگی ایجاد کنیم، باید مربع خوش‌شانسی را بسازیم.

این مربع مثل هر مربع دیگری چهار ضلع دارد که من اضلاع آن را به این صورت

نامگذاری کردم:

۱ـ **آمادگی:** برای این که آماده‌ی ظهور فرصت‌های تازه در زندگی باشیم، باید هر روز ما بهتر از دیروزمان باشد و دائماً در حال پیشرفت و توسعه‌ی خود باشیم.

۲ـ **نگرش:** ضلع دوم این مربع، مهر تاییدی هست بر آمادگی جهت دعوت فرصت‌ها به زندگی. اگه من دیدگاه غلطی نسبت به یک چیز، مثل شانس داشته باشم، به سمت من حرکت نمی‌کند. مثلا اگر من باور دارم که پول چرک کف دست است، فرد ثروتمندی نخواهم شد، و اگر فکر می‌کنم شانس برای از ما بهتران هست، هرگز خوش شانس نخواهم بود.

۳ـ فرصت: مهمترین نکته در این بخش این است که فرصت‌های مناسب رو شناسایی کنیم. ناپلئون هیل درباره فرصت‌ها و جملات ارزشمند در کتاب معروف "بیندیشید و ثروتمند شوید" بیان کرده که فرصت‌ها عادتی موزیانه دارن که از در پشتی وارد می‌شوند و اغلب در حال بد شانسی و شکستِ موقت خودشون رو نشون می‌دهند.

شاید به همین دلیل است که بیشتر مردم موفق نمی‌شوند فرصت‌ها را تشخیص بدن و از آنها استفاده کنن. بنا به این این گفته، ما هم در زمان شکست باید زاویه‌ی دید خودمون رو تغییر بدیم تا از دل شکست و تهدید، فرصت پدید بیاریم.

۴ـ **استفاده از فرصت:** تکمیل کننده‌ی کار، ضلع چهارم این مربع است و باعث به ثمر نشستن زحمات ما می‌شود. با استفاده‌ی حداکثری از فرصت‌هایی که برای خودمان به وجود آوردیم، می‌توانیم خیلی سریع‌تر و بهتر به دستاوردهای مطلوب در زندگی برسیم.

پس دوستان خوبم در رابطه با سوال اول جلسه، که آیا شانس وجود دارد، باید بگویم شانس وجود دارد، برای کسانی که ایجادش می‌کنند، و وجود ندارد برای کسانی که از آن پرهیز می‌کنند.

مربع خوش‌شانسی را به زندگیمان دعوت کنیم تا بتوانیم ستاره‌ی زندگی خودمان باشیم.

فصل چهارم: هنگام اجرا

هنگام اجرا

حال که با آموختن راهکارهای ارائه‌ی سخنرانی مطلوب، اعتماد به نفستان به مقدار زیادی افزایش پیدا کرده است، تا حد زیادی از خجالت رهایی یافته‌اید، تمام پیش نیازهای دیگر را برآورده کرده‌اید و البته متن سخنرانی خود را در یکی از قالب‌ها (ترجیحاً ABCC) نگارش کرده‌اید و بارها آن را تمرین کرده‌اید، زمان آن رسیده است که به اصل مطلب برسیم. بله اصل مطلب، «اجرا».

ترس و استرس: احتمالاً با اینکه بارها سخنرانی خود را تمرین کرده‌اید، اما همچنان زمانی که به سمت استیج و محلی که می‌خواهید سخنرانی‌تان را در آن ارائه دهید می‌روید، لحظه به لحظه به استرس و نگرانی‌تان افزوده خواهد شد، اما نگران نباشید! با سه تکنیک زیر می‌توانید این شرایط را مدیریت کنید.

۱ـ تنفس عمیق:

استرس شدید سبب می‌شود که نفس شما به سختی بالا بیاید و با بحران کمبود نفس مواجه شوید. برای اینکه از این اتفاق جلوگیری کنید و در همان ابتدای سخنرانی به نفس نفس زدن نیفتید، بهترین کار این است که از دقایقی قبل از سخنرانی به تنفس عمیق دیافراگمی بپردازید و هنگام تنفس، به تصویرسازی ذهنی بپردازید.

۲-تصویر سازی ذهنی:

هنگام تنفس عمیق، چشم‌هایتان را ببندید و تجسم کنید که مخاطبان ایستاده در حال تشویق کردن شما هستند و بعد از جلسه مخاطبان بسیاری به سمت شما حرکت می‌کنند و از شما بابت مطالب فوق العاده‌ای که با آنها به اشتراک گذاشته‌اید تشکر می‌کنند.

۳ـ به مزایای ارائه خوب فکر کنید:

هر بار که این جملات مانند: «اگر خراب شد چه؟»، «اگر صحبت‌های من را دوست نداشتند چه؟»، و ... در ذهن شما نقش بستند، ابتدا به این موضوع توجه کنید که این

جملات فقط و فقط افکارند؛ در ذهن شما هستند و حقیقت ندارند، و شما از افکارتان توانمندتر و بالاتر هستید. بعد به جای این افکار منفی، به این موضوع فکر کنید که اگر اجرای شما اجرایی بی‌نظیر باشد، در نتیجه‌ی آن چه فرصت‌های فوق‌العاده برایتان پیش می‌آید؟

کارهایی که در تمام مدت سخنرانی بایستی انجام دهید.

حتما در سخنرانی تکنیک‌های شروع انفجاری را به یاد دارید. همچنین داستان شخصی و سؤال بسته، البته بعد از ارائه‌ی یک معرفی قدرتمند با تن صدای بالا. از این تکنیک‌های فوق‌العاده استفاده کنید تا مخاطبتان را روی صندلی‌هایشان میخکوب نمایید و آن‌ها با تمام وجود به شما گوش جان بسپارند. هنگام شروع سخنرانی حتماً باید ارتباط چشمی قدرتمند با حضار و لبخند را چاشنی کار خود کنید. در تمام مدت سخنرانی خود نیاز است که کارهایی را انجام دهید:

زبان بدن: طبق تحقیق پروفسور آلبرت محرابیان، اثر گذاری ما در روابط ۵۵ درصد از طریق زبان بدن، ۳۸ درصد از طریق لحن، و فقط ۷ درصد به واسطه‌ی کلمات اتفاق می‌افتد. شاید بتوانیم این تحقیق را به سخنرانی نیز مرتبط بدانیم. عجیب است اما حقیقت دارد.

زبان بدن چیست؟

زبان بدن یاBody Language، بخشی از مهارت ارتباط غیرکلامی است که بر مبنای حالات و حرکات بخش‌های مختلف بدن، شکل می‌گیرد. استفاده‌ی درست از زبان بدن به هنگام سخنرانی، یعنی اینکه سخنران بصورت ارادی و آگاهانه بتواند موارد زیر را در خود کنترل کند:

- حالات چهره؛ شامل لبخند، اخم و تماس چشمی.
- ژست‌های بدن؛ شامل حالت ایستادن یا نشستن و زاویه بدن.
- موقعیت و حرکات اندام‌ها؛ مانند حرکات سر، حرکات و موقعیت دست و پاها.

- نحوه‌ی تعامل با دیگران؛ مانند نحوه‌ی دست دادن و احوال‌پرسی کردن.
- تکنیک‌های فن بیان؛ مانند لحن، تن و شدت صدا.
- پوشش و آراستگی ظاهری.

در ادامه، روش‌های به‌کارگیری زبان بدن در سخنرانی را بررسی می‌کنیم.

خروج از حوزه‌ی امن

استرس و اضطراب، همراه همیشگی سخنرانی است. به خصوص برای سخنران‌های مبتدی، اضطراب بخش غیرقابل اجتناب سخنرانی به شمار می‌رود. تجربه نشان داده است که اغلب افرادی که برای اولین بار سخنرانی می‌کنند، این استرس آن‌ها را به گوشه‌ای از سن یا جایگاه سخنرانی می‌برد و آن‌ها تا انتهای سخنرانی نمی‌توانند از آن نقطه خارج شوند!

اولین گام برای استفاده‌ی مناسب از زبان بدن، خروج از حوزه‌ی امن و آسایش است. از گوشه‌ی سِن خارج شوید و خود را در معرض دید و در کانون توجه قرار دهید، زیرا سخنرانی به آن شکل، قطعاً فاقد تأثیرگذاری مطلوب خواهد بود.

از آنجایی که زبان بدن شما شامل تمام بخش‌های بدن‌تان می‌شود، باید از سنگر تریبون و میز خارج شوید تا مخاطبان بتوانند حرکات و واکنش‌های همه بخش‌های بدن شما مانند دست‌ها و پاها را ببینند. اگر پشت تریبون بایستید، تمام بدن‌تان را پنهان کرده‌اید و فقط سر خود را نشان می‌دهید.

چنانچه به هر دلیلی مخاطبان، مجبور باشند به نقطه‌ای ثابت، خیره بمانند، به زودی خسته خواهند شد. اگر در یک نقطه، ثابت بایستید یا بنشینید، حضار به ناچار به شما خیره شده و دچار خستگی خواهند شد.

در مکالمات روزانه، زمانی که قرار است موضوعی را برای دوستان خود تعریف کنید، به طور ناخودآگاه از زبان بدن هم استفاده می‌کنید. مثلا برای تأکید بیشتر بر روی قسمت‌هایی از مطالب‌تان، از حرکات سر، دستان و حتی پاها استفاده می‌کنید. در

سخنرانی هم برای ایجاد ارتباط بهتر با مخاطب و تاثیرگذاری، باید به همین شکل عمل کنید. به عنوان مثال می‌توانید با حرکات سر، تأیید کنید، یا با حرکات دست، اهمیت یک موضوع را نشان دهید و با حرکات پاها، اقتدار و اطمینان را نشان بدهید.

فقط کافی است از پشت سنگرها بیرون آمده و حضّار را همان دوستان خود فرض کنید و از حوزه‌ی امن، خارج شوید. بهتر است در حین اجرای سخنرانی برای بیان مطالب مختلف، روی صحنه‌ی اجرا حرکت کنید و هر چند دقیقه در مکان خاصی از صحنه بایستید. گاهی جلو بیایید و گاهی پشت تریبون قرار بگیرید و بطور کلی از تمام مساحت صحنه‌ی اجرا به سود خود استفاده کنید!

لبخند

لبخند مهم‌ترین نشانه‌ی اعتماد به نفس و مهم‌ترین اصل در زبان بدن است. علاوه برآن، لبخند نشان‌دهنده‌ی اشتیاق افراد برای برقراری ارتباط است. وقتی سخنی را از شخصی که لبخندی حاکی از اعتماد به نفس بر روی لب دارد، می‌شنوید، به طور ناخودآگاه، صحبت‌های وی تاثیر بیشتری روی شما خواهد گذاشت.

افراد خنده‌رو، انسان‌هایی جذاب هستند، به همین دلیل است که اغلب مردم، سخنان افرادی که لبخند می‌زنند را حتی در اولین برخورد، باور می‌کنند. لبخند بزنید تا مورد اعتماد واقع شوید. لبخند بزنید تا مخاطبان بدانند که به مطالب‌تان اطمینان دارید. لبخند بزنید تا باور قلبی خود را به دیگران منتقل کنید و به صورت چشمگیری مؤثرتر باشید.

استفاده از دست‌ها

استفاده‌ی به جا و مناسب از حرکات دست‌ها به خوبی می‌تواند تاثیر کلام شما را دو چندان کند. زبان بدن و در رأس آن، حرکات دست، به کلام و بیان شما جان می‌بخشد. شما با حرکات دست، شدّت آنچه که می‌گویید را به حضّار نشان می‌دهید و به آن‌ها در درک بهتر اهمیت یک نکته، کمک می‌کنید.

یکی از دغدغه‌های سخنرانان تازه کار این است که چگونه از حرکات دست خود در

طول سخنرانی استفاده کنند. شاید برایتان جالب باشد؛ معمولا افراد تا زمانی که در مورد زبان بدن چیزی نمی‌دانند، بصورت ناخودآگاه و به بهترین شکل ممکن از حرکت دست‌ها و بازوها، استفاده می‌کنند. امّا به محض آنکه درباره‌ی زبان بدن آموزش می‌بینند، نسبت به شکل و حرکت دست‌ها به شدت حساس می‌شوند، این حساسیت، در حین سخنرانی (به خصوص اولین سخنرانی‌ها) بسیار آزار دهنده خواهد شد.

بنابراین بهترین کاری که می‌توانید در مورد نحوه‌ی قرارگیری دست‌ها در سخنرانی انجام دهید این است که آن‌ها را آزاد بگذارید و رهایشان کنید! سعی نکنید حرکات مصنوعی و از قبل برنامه‌ریزی شده‌ی زیادی انجام دهید یا دست‌هایتان را مشت کنید یا به هم بفشارید. زیرا حرکات مصنوعی از حرکات طبیعی به راحتی تشخیص داده می‌شوند. اجازه دهید دست‌ها و بازوها به طور طبیعی حرکت کنند. فراموش نکنید، اگر شما به مطلبی که بیان می‌کنید اعتقاد راسخ داشته باشید، دست‌ها و بازوهایتان هم به صورت خود به خود، برای بیان بهتر به شما کمک خواهند کرد!

همانطور که اجازه می‌دهید دست‌ها حرکات طبیعی خودشان را داشته باشند، برای اثربخشی بیشتر، به این موارد هم توجه داشته باشید:

حرکات هدفمند دست‌ها

بهتر است دست‌ها هدفمند حرکت کنند و سعی کنید این حرکتِ هدفمند دست‌ها را به طور طبیعی انجام دهید. یک اصل مهم در سخنرانی می‌گوید: «آن‌چه را که می‌گویید، نشان دهید.» برای نشان دادن بسیاری از موارد، می‌توانید از دست‌ها کمک بگیرید. به راحتی می‌توانید از دست‌هایتان بخواهید نقش هر چیزی را در فضا برای شما بازی کنند.

وقتی از یک شخص چاق حرف می‌زنید، چاقی را با دست‌هایتان نشان دهید. وقتی دو چیز را با هم مقایسه می‌کنید (مثلاً سوددهی بالا و سوددهی پایین)، آن را با بالا بردن یک دست و پایین آوردن دست دیگر نشان دهید. وقتی می‌خواهید در مورد خودتان صحبت کنید، با انگشت اشاره خودتان را نشان دهید. وقتی می‌خواهید از واژه‌ی شما

استفاده کنید، با انگشت دست به حضار اشاره کنید. خلاصه اینکه «هرآن‌چه را که می‌گویید، نشان دهید.»

خالی گذاشتن دست‌ها

از در دست داشتن برگه‌های یادداشت و یادآور خودداری کنید تا بتوانید از دست‌ها برای اثرگذاری بهتر استفاده کنید. همچنین در صورت امکان از ابزارهای سخنرانی مناسب استفاده کنید. به عنوان مثال از میکروفون بی‌سیم یا پایه‌دار استفاده کنید و پرزنتر خیلی بزرگی در دست نداشته باشید.

فعال بودن یک دست و قفل بودن دست دیگر نیز از اشتباهات رایج در استفاده از زبان بدن است. این شکل نیز به سرعت توجه مخاطبان را به خود جلب کرده و مانع تمرکز آن‌ها بر روی صحبت‌های شما می‌شود. اگر ناچار هستید از میکروفن دستی استفاده کنید، تا می‌توانید دست دیگر را فعال کرده و به حرکت درآورید.

محل و موقعیت دست‌ها

بهترین فضای نمایش دست‌ها، فاصله‌ی بین کمر و چانه است. بیشتر حرکات دست‌ها در این ناحیه، طبیعی به نظر می‌رسند. از قفل کردن بازوها و دست‌ها به بدن، خودداری کنید. هر نوع بسته بودن دست‌ها، از جمله دست به سینه و گرفتن هر دو دست در پایین کمر، حرکات تدافعی محسوب می‌شوند.

درست است که به احتمال زیاد حضّار در مورد زبان بدن، نکات زیادی نمی‌دانند اما نحوه‌ی استفاده شما از زبان بدن، تأثیر خود را بر روی افراد حاضر خواهد گذاشت. بنابراین حالت‌های دفاعی و بسته، باعث می‌شود آن‌ها تصور کنند که شما زیاد به صحبت‌هایتان اعتقاد ندارید و تنها نکاتی را حفظ کرده و ارائه می‌دهید. پس سعی کنید از به وجود آوردن حالت‌های بسته و گرفتن دست‌ها یا بازوها به هر شکل، اجتناب کنید.

تماس چشمی

استفاده از تماس چشمی یکی از ابزارهای فوق‌العاده مؤثر در زبان بدن است. تحقیقات نشان داده‌است عموماً افراد هنگام صحبت کردن، بیشتر به چشم‌های طرف مقابل نگاه می‌کنند. نگاه مستقیم سخنران، نشان‌دهنده‌ی صداقت و احساس اعتماد او به خود و به مخاطبش است.

سعی کنید تا حد امکان در طول سخنرانی خود، به تک‌تک افراد نگاه کنید و نگاه خود را بین همه به طور مساوی تقسیم کنید و فقط به یک گوشه‌ی سالن یا یک شخص خاص نگاه نکنید. با برقرار کردن تماس چشمی با مخاطب خود می‌توانید در هر لحظه از او بازخورد بگیرید.

همان طور که حالات چشمان شما می‌تواند میزان اشتیاق، تسلط یا اضطراب شما را نشان دهند، بازخوردهایی شامل تایید، اشتیاق و میل به شنونده بودن یا کلافگی و خستگی را نیز می‌توانید از نگاه مخاطبان به دست آورید.

شکل پاها

نیمی از بدن را پاها تشکیل داده‌اند، بنابراین غیرمنطقی به نظر می‌رسد که از آن‌ها برای بیان بهتر و تأثیر بیشتر استفاده نکنیم! استفاده از پاها در حین صحبت کردن، معمولاً برای تأکید بیشتر است.

شکل قرارگیری پاها و حالت‌هایی که در حین صحبت کردن به پاهایتان می‌دهید، میزان اهمیت و باور شما به کلام‌تان را نشان می‌دهد. در نتیجه استفاده‌ی هدفمند از پاها به عنوان بخشی از زبان بدن، در انتقال بهتر پیام، مؤثر خواهد بود.

بهترین حالت پاها در سخنرانی، حالت ساده ایستادن است. به این صورت که پاها کاملاً صاف بوده و به اندازه‌ی عرض شانه، از هم فاصله داشته باشند. بهتر است هنگام ایستادن، وضعیت صاف و استاندارد ایستادن را رعایت کنید.

به طور مثال از پیچیدن یک پا به دور پای دیگر اجتناب کنید، یا به صورت یکطرفه

به یک پا تکیه ندهید. صاف ایستادن، شما را قدرتمندتر، با صلابت‌تر و قابل اعتمادتر نشان می‌دهد.

پوشش سخنران

زمانی که با یک فرد ناشناس برخورد می‌کنید، مغز به صورت ناخودگاه با پردازش ویژگی‌های «ظاهری» طرف مقابل، ابتدایی‌ترین قضاوت خود را درباره شخص ارائه می‌دهد. سپس با گذشت زمان بیشتر، سایر ویژگی‌های شخص مانند طرز صحبت کردن و طرز فکر را بررسی می‌کند!

به خصوص در فرهنگ ما، ویژگی‌های ظاهری به یکی از نخستین پارامترهای تصمیم‌گیری برای ایجاد ارتباط با دیگران تبدیل شده‌است. سخنران با استفاده از پوشش مناسب و متعارف می‌تواند بخش زیادی از مسیر اجرای سخنرانی را طی کند.

هنگام انتخاب پوشش به ویژگی‌های گوناگون مخاطب توجه کنید. ویژگی‌هایی همچون: جنسیت، فرهنگ، شغل و غیره. همچنین خانم‌ها و آقایان در انتخاب پوشش باید موارد مخصوص به خود را رعایت نمایند.

فراموش نکنید همیشه نیاز نیست از یک پوشش گران‌قیمت یا برَند استفاده کنید؛ آنچه که در پوشش سخنران دارای اهمیت ویژه است حفظ آراستگی و زیبایی پوشش می‌باشد.

اگر مجموعه‌ی زبان غیرکلامی یا زبان بدن را به شکل یک پیکان در نظر بگیریم، ظاهر و پوشش سخنران، نوک و رأس این پیکان است. ظاهر اشخاص، اولین عامل در زبان بدن است. قبل از این که سخنی به زبان بیاورید ظاهر و پوشش شما سخن می‌گوید و باعث شناخت حضّار از شما می‌شود. حضّار، فکر شما را نمی‌خوانند، بلکه ظاهر شما را می‌بینند بر اساس دیده‌هایشان در همان لحظات ابتدایی، در مورد شما قضاوت می‌کنند. بنابراین بسیار مهم است که تصمیمی درست در مورد نحوه‌ی ظاهر شدن در برابر مخاطبان بگیرید. در حقیقت لباس و پوشش شما به آن‌ها نشان می‌دهد که شما چه

کسی هستید!

نکات انتخاب پوشش مناسب

شما باید لباسی متناسب با آن‌چه قرار است باشید بپوشید، نه آن‌چه هستید. اگر قرار است یک سخنران حرفه‌ای باشید، همچون سخنرانان حرفه‌ای لباس بپوشید. پوشش سخنران باید هم‌سطح شرکت کنندگان و یا کمی بالاتر از آن‌ها باشد. و البته کمی بالاتر بهتر است.

در کارگاه‌های مختلف، همیشه با این سؤال مواجه می‌شوم: آیا پوشش سخنران باید رسمی باشد؟ پاسخ من هم همیشه این بوده: کاملاً بستگی به موقعیت شما دارد. برای انتخاب نوع پوشش خودتان، لازم است مخاطبان، محل، و زمان برنامه را در نظر بگیرید. اگر شما به دعوت یک سازمان و یا در یک سمینار رسمی سخنرانی خواهید کرد؛ طبیعی است که باید با ظاهری کاملاً رسمی حاضر شوید.

اگر قصد دارید برای گروهی از افراد میانسال و یا کسانی که غالب آن‌ها از نظر سن و سال بزرگ‌تر از شما هستند سخنرانی کنید، حتماً با لباس رسمی در برنامه حاضر شوید. اگر قرار است برای گروهی از نوجوانان سخنرانی کنید بهتر است کمی از رسمی بودن پوشش‌تان کم کنید.

پوشش‌های رسمی و غیررسمی

لباس رسمی برای بانوان در کشور ما عبارت است از مانتو و شلوار یک‌رنگ و یک‌دست به همراه مقنعه و یا روسری، و کفش پاشنه کوتاه و هم‌رنگ با کیف دستی.

لباس رسمی برای آقایان عبارت است از کت و شلوار هم‌رنگ و یک‌دست به همراه کفش مشکی ساده‌ی سه یا چهاربند. کت‌های مردانه انواع مختلفی دارند؛ رسمی‌ترین آن‌ها کت‌های دو دکمه هستند. در لباس رسمی آقایان نیز کفش و کمربند، یک‌رنگ هستند.

ترکیب کت و شلوار سرمه‌ای و پیراهن سفید ساده برای آقایان، و همچنین مانتو شلوار سرمه‌ای برای خانم‌ها رسمی‌ترین حالت بوده و بسیار قدرتمند است. توصیه می‌شود اگر می‌خواهید تأثیرگذارتر باشید و قدرتمندتر به نظر برسید، حتماً از این ترکیب استفاده کنید.

بعد از رنگ سرمه‌ای، رنگ‌های طوسی، زغالی، مشکی و کرمی هم به ظاهر شما رسمیت می‌بخشند. با توجه به شرایط زمانی و مکانی سخنرانی، می‌توانید از رنگ‌های دیگر هم در پوشش خود استفاده کنید.

بسیار مهم است که جوراب با شلوار هم‌رنگ باشد. مبادا با جوراب روشن و شلوار تیره حاضر شوید. حتی در مواقعی که لزومی به پوشش رسمی نیست؛ سعی کنید ترکیب لباس شما از نظر رنگ، یکنواخت و به اصطلاح سِت باشد.

راه رفتن هدفمند

می‌دانید چرا سخنرانی‌های بسیاری از سیاسیون، با این حال که بسیار حرفه‌ای هستند و صحبت‌هایشان از اهمیت بالایی برخوردار است، همچنان حوصله سر بر است؟

چون آنها دائماً به صورت ثابت پشت یک تریبون ایستاده اند. این اتفاقی است که سبب خستگی مخاطب می‌شود. مغز انسان به چیزی علاقه نشان می‌دهد که متحرک باشد، بنابراین باید در حدی متعادل، هنگام سخنرانی راه بروید. البته این راه رفتن باید هماهنگ با سرعت کلامتان و مطابق فرمول زیر باشد:

سه قدم به چپ (در حین صحبت) + ایستادن+ پنج جمله صحبت + سه قدم به راست (در حین صحبت)

و بعد می‌توانید بارها و بارها این کار را انجام دهید.

البته برای جلوگیری از تکرار، با توجه به شرایط موجود می‌توانید به جلو و عقب هم حرکت کنیم اما هنگام حرکت به عقب باید حسابی حواستان باشد که پایتان به سیم پروژکتور یا چیز دیگری گیر نکند که زمین بخورید و اعتماد به نفستان را برای ادامه‌ی

سخنرانی از دست بدهید.

اگر هنگام اجرا چیزی یادتان رفت

اگر هنگام اجرا چیزی را فراموش کردید، نگران نباشید، چون واقعیت آن است که کسی نمی‌داند که چیزی را فراموش کرده‌اید. بهترین راهکار این است که از آن بحث بگذرید و اجازه ندهید حواس شما را منحرف کند. همچنین بایستی زبان بدن خود را مدیریت کنید تا پیامی مبنی بر فراموش کردن چیزی را از سوی شما به مخاطب منتقل ننماید.

باید یخ مخاطب را آب کنید!

یکی از عواملی که سبب می‌شود شما به یک سخنران زبده و قابل تبدیل شوید این است که بتوانید یخ مخاطبان را آب کنید و با آنها یک رابطه‌ی دوستانه برقرار کنید. به این ترتیب است که می‌توانید یک سخنرانی به یاد ماندنی به آنها هدیه کنید. برای شکستن یخ مخاطبان، باید از یخ شکن‌ها استفاده کنید.

یخ شکن‌ها:

۱ـ طنز

استفاده از طنز در سخنرانی مانند یک چاقوی دو لبه است که اگر می‌خواهیم دستمان را زخمی نکند باید موارد زیر را رعایت کنیم.

الف ـ طنز باید مرتبط با موضوع اصلی باشد:

در سخنرانی شما نباید هیچ صحبتی به جز صحبت از ایده‌های اصلی به میان بیاید. اگر از شوخی استفاده کنید که با محوریت اصلی سخنرانی شما ارتباطی نداشته باشد، مخاطب احساس می‌کند که شما صرفاً در حال وقت‌کُشی هستید و تسلط کافی روی موضوع ندارید.

ب ـ نباید به هیچ کس توهین شود:

این نکته کاملاً بدیهی و آشکار است، اما گاهی اوقات فراموش می‌کنیم مطلبی که

برای ما خنده‌دار است، ممکن است برای فرد دیگری توهین‌آمیز تلقی شود.

ج ـ در ابتدای سخنرانی طنز به کار نبرید اگر...:

اگر در به کار بستن طنز مهارت کافی ندارید، به هیچ وجه در ابتدای سخنرانی خود از طنز استفاده نکنید، زیرا در این صورت با نخندیدن مخاطبان و عدم بروز واکنش مورد انتظارتان از سوی مخاطبان، اعتماد به نفس شما به شدت کاهش می‌یابد که برای ادامه سخنرانی‌تان بسیار خطر آفرین است.

۲ـ سوال

از مخاطبان سوال‌های کوتاه پاسخ بپرسید. سوالاتی که برای جواب دادن به آنها نیاز به گفتن یک کلمه مانند بله یا خیر، یا بالا بردن دست جهت اعلام موافقت است. به یاد داشته باشید مثل هر جزء دیگری از سخنرانی، سوالات هم باید در راستای موضوع اصلی سخنرانی و بسیار هدفمند پرسیده شوند.

اگر در مدیریت کردن جلسات تسلط و آمادگی کافی ندارید، پیشنهاد می‌کنیم که تا جایی که ممکن است از پرسیدن سوالات چالش برانگیز که مخاطبان را در برابر هم قرار می‌دهد و نیاز به توضیح از سمت آنان دارد خودداری نمایید.

۳ـ داستان

اگر می‌خواهی بزرگسال انسان‌ها تو را بپذیرند، نخست کودک درونشان را نوازش کن (اریک برن).

داستان از آن مواردی است که همه‌ی انسان‌ها به آن علاقه‌مندند. با تقویت مهارت داستان‌گویی، می‌توانید سخنرانی فوق‌العاده‌ای به مخاطبان ارائه دهید. البته در اینجا نیز حتما بایستی به ارتباط آن با موضوع اصلی و محوری سخنرانی دقت کنید.

نکته‌ای که درباره‌ی داستان گویی حائز اهمیت است این است که داستانتان حتی‌المقدور جدید باشد. برای اینکه داستان جذاب‌تری بگویید می‌توانید خاطرات و داستان‌های شخصی زندگی خود را برای مخاطبان بازگو کنید؛ با این کار هم داستان شما

تازگی دارد و هم توانسته‌اید مخاطب را بیشتر در جریان زندگی خود قرار دهید و احساس دوستی شما عمیق‌تر خواهد شد.

۴ـ فعالیت بدنی

اگر سخنرانی شما طولانی است، پس از ۲۰ الی ۳۰ دقیقه، از مخاطبان بخواهید از روی صندلی‌هایشان بلند شوند و چند حرکت کششی انجام دهند.

۵ـ بازی

اجازه دهید خیالتان را راحت کنیم؛ بهترین و راحت‌ترین نوع یادگیری آن است که با بازی کردن همراه باشد. اگر می‌خواهید یک سخنرانی به یاد ماندنی اجرا کنید، چند بازی ساده اما تاثیرگذار در سخنرانی خود بگنجانید.

ساده‌ترین بازی این است که از مخاطبان بخواهید با صدای بلند یک جمله‌ی الهام بخش مثلاً «من ستاره‌ی زندگی خودم هستم» را تکرار کنند. برای ساخت بازی‌ها در سخنرانی می‌توانید از سخنرانان بزرگ ایران و جهان الهام بگیرید. بازی‌سازی در سخنرانی در ابتدای مسیر شاید کمی سخت به نظر بیاید، اما با قدری تفکر و بارش فکری می‌توانید خلاقیت خود را در این زمینه شکوفا کنید.

چه کنیم تا اسیر فراموشی نشویم؟

یکی از مهم‌ترین ترس‌های یک سخنران هنگام اجرا، این است که مبادا سخنرانی‌اش را فراموش کند. بنابراین باید تمهیداتی برای پیشگیری از این مشکل در نظر گرفت. اما واقعاً چگونه می‌توان از فراموش کردن محتوای سخنرانی جلوگیری کرد؟

چاره‌ی کار این است که چند روز قبل از سخنرانی، این سه مرحله را طی کنید تا متن سخنرانی خود را همواره به یاد داشته باشید:

۱ـ به خاطر سپاری: برای اینکه محتوای سخنرانی در ذهنتان جا بگیرد، ابتدا باید تمام سخنرانی خود را بنویسید و سپس یک بار از روی آن بخوانید و صدای خود را ضبط کنید، پس از آن بارها و بارها این صدای ضبط شده را با دقت گوش کنید.

نکته‌ی مهم این است که سعی نکنید تمام سخنرانی را کلمه به کلمه و با همه‌ی جزئیات از بر کنید، بلکه کلید واژه‌های سخنرانی خود را به خاطر بسپارید و این نکته را به خاطر داشته باشید که وسواس به خرج دادن برای از بر کردن متن کامل سخنرانی، بازدهی‌تان را پایین می‌آورد و انرژی تان را هدر می‌دهد.

۲ـ مرور کلیدواژه‌ها: کلمات یا عبارات مهم و سرتیترهای سخنرانی خود را روی کاغذهای کوچک بنویسید و آن‌ها را به محل‌هایی که طی روز در کانون توجه شما هستند بچسبانید (آینه، در یخچال، میز کار، میز لپ تاپ و...). با انجام این کار فرایند به خاطر سپاری را تکمیل می‌کنید.

۳ـ برای درخشش آماده شوید: برای اینکه سخنرانی شما به بهترین شکل ممکن پیش برود، باید به اندازه کافی بخوابید. از دو روز قبل از سخنرانی، هر روز ۱۰ تا ۱۲ لیوان آب بنوشید تا گلویتان خشک نشود. همچنین از مدیتیشن غافل نشوید که به آرامش شما کمک می‌کند.

فصل پنجم: بداهه پردازی

بداهه پردازی در سخنرانی

آیا از این که هنگام سخنرانی از شما سوال بپرسند می‌ترسید؟ آیا نگرانید که کسی هنگام صحبت‌های شما شروع به حرف زدن با تلفن همراه کند و توجه مخاطبان را به خود جلب کند؟ در صورتی که این نگرانی‌ها را دارید، این بخش از کتاب مخصوص شماست.

شاید بزرگترین راز بداهه گویی این باشد که چیزی بداهه باقی نماند، یعنی باید قبل از سخنرانی به مواردی که ممکن است در سخنرانی ما را شگفت‌زده کنند فکر کنیم و برای آنها چاره‌ای بیاندیشیم.

لیست ۲۰ سوال پرتکرارموضوع سخنرانی شما چیست؟ لطفاً یک دفترچه به همراه داشته باشید و ۲۰ سوال (یا بیشتر) پرتکرارِ مربوط به موضوع اصلی سخنرانی خود را بنویسید و بهترین پاسخ‌های ممکن را بیابید.

با انجام این کار، پرسش‌های مخاطبان نه تنها نگرانی شما نخواهد بود، بلکه پاسخ‌های مطمئن و جذابی که می‌دهید، شما را بسیار حرفه‌ای جلوه می‌دهد.

آمادگی برای موقعیت مختلف

به عنوان یک سخنران باید بدانید که در هر حال ممکن است موقعیت‌هایی در سخنرانی پیش بیاید که اگر آمادگی آنها را نداشته باشید، سخنرانی شما را ویران خواهند کرد.

سخنرانی را به یاد دارم که در مهم‌ترین سمینار زندگی‌اش، به دلیل ناتوانی در مدیریت این اتفاقات، فرصت بسیار بزرگی را از دست داد.

همین حالا بنویسید که چه اتفاقاتی ممکن است در سخنرانی شما رخ دهد؟ لطفاً یکی از آنها را بنویسید و استراتژی‌های مناسبی برای برخورد با آنها پیدا کنید. برای مثال وقتی در یکی از مهم‌ترین سخنرانی‌ها تلفن کسی زنگ خورد و آن فرد شروع به صحبت کردن با تلفن کرد، من دو راه حل داشتم:

۱ـ هیچ کاری نکنم: این راه حل در ابتدا خوب و آسان به نظر می‌رسد، اما این گونه نیست. عدم واکنش ممکن است نشانه‌ی خجالتی بودن یا قاطع نبودن باشد و تأثیر خوبی روی ذهنیت مخاطبان و خود سخنران ندارد.

۲ـ با یک استراتژی مناسب فرد را متوجه اشتباهش کنم: این راهکار بهترین راهکار است. اما باید به نحوی این آن را به کار ببندید که مخاطب را از دست ندهید.

من در این موقعیت (صحبت کردن فردی با تلفن همراه هنگام سخنرانی) سر خود را کمی به سمت آن شخص مایل کردم و گفتم: «اگر با من کار دارند سلام برسانید و بگویید مشغول سخنرانی کردن است». با این جمله آن شخص فوراً متوجه خطایش شد و صحبت خود را به اتمام رساند و تا انتهای آن دوره، هنگام سخنرانی من گوشی تلفن همراهش را خاموش می‌کرد.

وقتی قرار است یک سخنرانی را تماماً بداهه انجام دهید!

تا به اینجا راهکارهایی برای بداهه‌گویی یاد گرفتیم، اما اگر قرار باشد تمام سخنرانی بداهه باشد چه؟

سخنرانی بداهه یعنی سخنرانی که شخص برای انجام آن آمادگی قبلی ندارد. وقتی که شما یک سخنران باشید، احتمالاً در مجالس، سمینارها، کلاس‌ها و.... از شما دعوت می‌شود که چند کلامی برای حضار صحبت کنید. برای این که در این موقعیت‌ها غافلگیر نشوید و کاملا خونسرد و مسلط، در سخنرانی خود بدرخشید، باید همین امروز ۵ سخنرانی ۱۰ تا ۱۵ دقیقه‌ای آماده کنید. سخنرانی‌ها بهتر است در رابطه با موضوعات متفاوتی باشند.

پیکربندی سخنرانی بداهه

قالبهای سخنرانی که پیش‌تر به آنها پرداختیم را حتماً به یاد دارید. اکنون زمان این رسیده که یاد بگیریم چگونه سخنرانی بداهه‌ی خود را پیکربندی کنیم.

قالب PREP

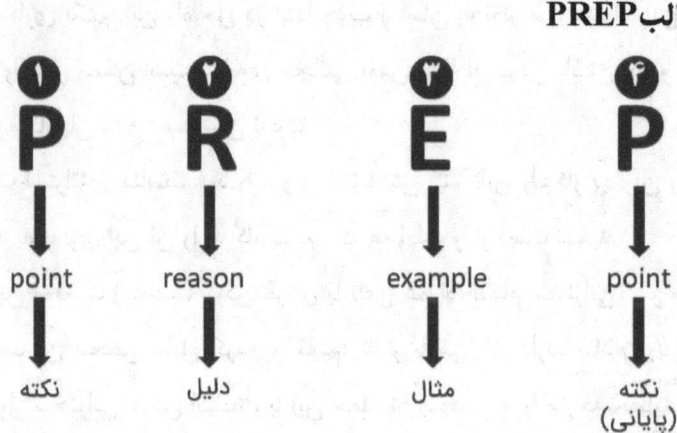

۱ـ نکته:

ابتدا نکته مهمی را به سمع مخاطبان برسانید. نکته‌ای که موضوع اصلی سخنرانی بداهه‌ی شما است. با انجام این کار هم خودتان آماده‌تر می‌شوید و هم مخاطبان از همان ابتدا خواهند دانست که با چه سخنرانی طرف هستند.

۲ـ دلیل:

اهمیت و دلیل اهمیت نکته‌ای را که مطرح کرده‌اید، بیان نمایید. با دلیل آوردن، هم از صحبت‌های خود پشتیبانی می‌کنید، و هم در عین بداهه‌پردازی، حرفه‌ای گری کرده‌اید.

۳ـ مثال:

زمان آن رسیده که مثالی بزنید تا حاضران بهتر متوجه صحبت‌های شما شوند. مخاطب عاشق مثال است، چرا که محتوا را برایش ساده و آسان فهم می‌کند.

۴ـ نکته (پایانی):

کلام آخر خود را برای مخاطبان بیان کنید و سخنرانی بداهه‌ی بی نظیر خود را به پایان برسانید.

فصل پنجم: بداهه پردازی | 69

برای مثال جملات زیر با این قالب پیکربندی شده‌اند:

(نکته) یکی از مهمترین علل ترس از سخنرانی انجام ندادن آن است. (دلیل) به این دلیل که انسان‌ها از ناشناخته‌ها به طور کاملاً غریزی وحشت دارند. (مثال) مثلاً روزهایی که از آب می‌ترسیدید را به یاد دارید؟ احتمالاً آن روزها هنوز با آب مواجه نشده بودید. (نکته پایانی) کلام آخر اینکه اگر می‌خواهید بر ترس از سخنرانی غلبه کنید باید حتماً آن را انجام دهید.

همانطور که متوجه شدید این قالب سبب منظم شدن صحبت‌های ما در مدت زمانی کوتاه می‌شود و کلام ما را به شدت تاثیرگذارتر می‌کند.

فصل ششم: دست نوشته و اسلاید

دست نوشته‌ی سخنرانی

حال که مراحل اخیر را طی کرده‌اید، زمان سخنرانی شما فرا رسیده است. در زمان سخنرانی، از دو یادآور می‌توانید استفاده کنید؛ اسلاید و دست نوشته.

در باره‌ی اسلاید در ادامه‌ی مطالب خواهید خواند؛ در این جا بررسی می‌کنیم که یک دست نوشته‌ی خوب چه ویژگی‌هایی دارد.

یک دست نوشته خوب و کاربردی باید:

اول ـ تیتر وار باشد: در دست نوشته نباید همه‌ی مطالب را به صورت جمله و پاراگراف یادداشت کنید، چرا که سخنرانی با روخوانی تفاوت زیادی دارد. برای داشتن یک دست نوشته‌ی استاندارد بهتر است فقط تیترهای اصلی سخنرانی که در باره هر کدام از آنها می‌توانیم بیش از ده دقیقه صحبت کنیم را یادداشت نماییم.

دوم ـ بزرگ باشد: در هنگام سخنرانی ممکن است که به دلیل استرس و اضطراب مردمک چشم گشادتر از حد معمول شود. هنگامی که این اتفاق می‌افتد، دیدن کلماتی که در جلوی چشممان هستند سخت می‌شود؛ به این دلیل و ده‌ها دلیل دیگر بهتر است تیترهای دست نوشته‌مان را کاملاً درشت بنویسیم.

سوم ـ کافیست برای خودتان گویا باشد: تیترهایی که در دست نوشته می‌نویسید، صرفاً برای شماست؛ بنابر این کافیست آنها را برای خودتان گویا بنویسید. از این رو نیازی نیست که جمله‌ی کامل را یادداشت کنید.

برای مثال اگر تیترتان «*چگونه بر ترس‌هایمان غلبه کنیم؟*» است، فقط کافی است بنویسید: «*غلبه بر ترس‌ها*».

چهارم ـ بسیار خوانا باشد: اگر تیترها را با عجله و بدخط یادداشت کرده‌اید، به این امید که در هنگام سخنرانی آنها را به یاد خواهید آورد، متأسفانه در یک تله‌ی شناختیِ ذهنتان گیر افتاده‌اید. تیترها را تا می‌توانید خوانا بنویسید، یا اگر خط خوبی ندارید از یک دوست کمک بگیرید و یا تیترها را تایپ کنید.

پنجم ـ روند دار باشد: تیترهایی که یادداشت می‌کنید باید روند مشخص و معینی داشته باشند. یعنی به ترتیب از بالا به پایین یا ...

اسلاید سازی هنری نجات بخش

اگر بخواهید یک میخ را درون دیوار فرو کنید، آیا از ابزاری مثل چکش استفاده می‌کنید یا اصرار بر کوبیدن آن میخ با مشت خواهید داشت؟

اسلاید حکم همان چکش را برای انتقال مطالبتان به مخاطب در سخنرانی دارد. اسلاید کمک می‌کند منظورشما بهتر به حاضران منتقل شود و مخاطب یادگیری بهتری داشته باشد. به علاوه اسلاید سبب منظم شدن سخنرانی‌تان می‌گردد.

اکنون بیایید با نرم افزارهایی که می‌توان با آنها اسلاید ساخت آشنا شویم.

۱ـ powerpoint

پاورپوینت معروف‌ترین ابزار اسلاید سازی است که بسیاری از افراد بیشتر اسلایدها را با این نرم افزار تهیه می‌کنند. مزیت این نرم افزار این است که قابلیت‌ها و تنوع بسیار زیادی دارد. شک نکنید یکی از بهترین بسترها برای شکوفا کردن خلاقیتتان در تولید محتوا، فضایی مانند پاورپوینت است. یک مزیت مهم این نرمافزار نسبت به سایر نرمافزارها، این است که آموزش‌های بسیاری برای چگونگی استفاده از آن در اینترنت به صورت رایگان موجود است. با کمی جست و جو درباره‌ی این نرم افزار قطعاً به نتایج خوبی خواهید رسید.

keynote-۲

کینوت نرمافزار دیگری است که قابلیت‌های متنوعی دارد، اما فقط برای سیستم عامل مک)ساخت شرکت اپل(قابل استفاده است. محیط کاربری و امکانات این نرما فزار شباهت بسیار زیادی به نرم افزار پاورپوینت دارد.

و اما سوالی که در اینجا ممکن است برایتان پیش بیاید؛ این که کدام یک بهتر است؟ پاورپوینت یا Keynote ؟

جواب اینکه این دو تفاوت آنچنانی با هم ندارند، از هر کدام که بیشتر مورد پسندتان است استفاده کنید.

و حالا یک سوال دیگر؛ آیا نرم افزارهای دیگری هم برای اسلایدسازی وجود دارند؟ و پاسخ اینکه: بله شما می‌توانید برای تنوع، از نرم افزارهایی مثل prezi نیز استفاده کنید و البته ده‌ها نرم افزار دیگر. اما نهایتاً باید گفت پیشنهاد این کتاب برای اسلایدسازی، همان نرم افزار پاورپوینت است.

پانزده فوت کوزه‌گریِ اسلاید سازی

۱- تصاویرِ بیشتر، متنِ کمتر

از متداول‌ترین و بدترین اشتباهات ممکن در اسلایدسازی این است که در هر اسلاید متن‌های طولانی تایپ کنیم و از روی آن بخوانیم. این بهترین راهکار برای تبدیل یک سخنرانی به بدترین نسخه‌ی آن است. بنابراین سعی کنید تا حد امکان از کلمات و تصاویر مرتبط بیشتر استفاده کنید. باور کنید این که تمام متن یا بخش زیادی از متن سخنرانی را روی یک اسلاید تایپ کنیم و نمایش دهیم، جذاب نیست و فقط باعث خستگی چشمان مخاطبان و حواس پرتی آنها می‌شود.

۲- اسلاید نباید بیش از حد جلب توجه کند.

در یک سخنرانی حرفه‌ای هیچ چیز بیشتر از «سخنران» جلب توجه نمی‌کند. (به خصوص اسلایدها نبایستی این قاعده را نقض کنند) برای اینکه اسلایدهای مناسبی داشته باشید، تعداد Animation و transition عکس‌های پر زرق و برق را تا حد امکان کاهش دهید.

البته که زیبایی اسلایدها بسیار مهم است و باید به آن توجه ویژه‌ای داشته باشیم، اما اینکه سخنرانی ما سراسر نمایش دادن انیمیشن‌های مختلف و تصاویر پر زرق و برق باشد، صرفاً خستگی مخاطب را به همراه دارد. بنابراین بیایید هر چیزی را در اسلایدهایتان به جا و درست استفاده کنید.

۳ـ شلوغی ممنوع!

از استفاده از تم‌های بسیار شلوغ و پیچیده در اسلایدها بپرهیزید. مغز انسان در هر لحظه میلیون‌ها پردازش انجام می‌دهد، پس بهتر است تا حد امکان دریافت اطلاعات جدید را برای حاضران ساده و آسان کنیم. به همین منظور تا جایی که ممکن است از قرار دادن لوگو، عکس‌های غیر مرتبط، آدرس سایت و... پرهیز کنید.

۴ـ از تصاویر جذاب و مرتبط استفاده کنید.

برای اینکه به سخنرانی خود رنگ و لعاب ببخشید و خون تازه‌ای به رگ‌های اجرایتان تزریق کنید، استفاده از تصاویر مرتبط با تیتری که روی آنها نوشته شده، و صحبت کردن روی آن تصاویر یک راهکار بسیار مفید است.

۵ـ استفاده‌ی افراطی از رنگ‌ها نکنید.

اینکه هر رنگی که دم دستتان است را در متن اسلایدها به کار ببرید، سبب پایین آمدن میزان تأثیرگذاری اسلایدها خواهد شد. بهترین استراتژی این است که برای خودمان رنگ‌های سازمانی مشخص کنیم، یعنی رنگ‌هایی که در بیشتر اسلایدها و محتوای ما وجود دارند و یادآور ما برای مخاطبان هستند؛ برای مثال رنگ سازمانی نگارنده‌ی این سطور در اسلایدها سورمه‌ای با نوشته‌های زرد یا سفید رنگ بر روی آن است.

البته که نیازی نیست تمام اسلایدها را یک شکل بسازید و همه یک رنگ باشند، چه بسا بهتر است تنوع در اسلایدها وجود داشته باشد، اما تعادل را بایستی حفظ نمود.

۶ـ استفاده از عکس با کیفیت

در اسلایدهای یک سخنران حرفه‌ای جایی برای عکس‌هایی با کیفیت پایین وجود ندارد. استفاده کردن از عکس‌هایی با کیفیت پایین، چشمان مخاطب را خسته و جذابیت اسلایدهایتان را کم می‌کند، و در این صورت اسلایدهای شما نه تنها به سخنرانی شما کمکی نکرده‌اند، بلکه سبب کاهش قدرت سخنرانی نیز شده‌اند.

۷ـ رها نکردن عکس

یکی از اشتباهات متداول سخنرانان و مدرسان این است که با اینکه عکس‌های خوب، مرتبط و متناسب با مطالب، و دارای کیفیت مطلوب، برای اسلایدها انتخاب می‌کنند؛ این عکس‌ها را در گوشه‌ای از اسلاید رها می‌کنند. بهتر است عکس‌ها را تمام صفحه کنیم و متن را روی عکس بنویسیم؛ بدین شکل می‌توانیم جذابیت اسلایدها را چند برابر کنیم.

۸ ـ تضاد رنگی عکس و متن

برای اینکه تیترهایی که روی عکس‌ها و پس‌زمینه‌ها می‌نویسید خوانا و جذاب باشند، لازم است که تضاد رنگی خوبی بین متن و پس‌زمینه‌ی آن وجود داشته باشد. این تضاد باید به اندازه‌ای باشد که هنگام اجرا از روی پروژکتور یا نمایشگر، نوشته‌ها به سادگی قابل خواندن باشند.

۹ ـ اندازه‌ی متن‌ها

همیشه فرض کنید که اسلاید شما یک بیلبورد تبلیغاتی است که در ورودی یک بزرگراه قرار دارد و شما هزینه‌ی زیادی برای اجاره‌ی آن پرداخته‌اید. آیا اگر اسلاید شما یک بیلبورد گران قیمت بود که باید بیشترین بهره را از آن می‌بردید، باز هم یک متن طولانی با ابعاد کوچکِ کلمات بر روی آن می‌نوشتید؟ مسلماً خیر.

متن‌های روی اسلاید را دقیقاً به سبک دست نوشته‌های سخنرانی بنویسید؛ تیتروار و بزرگ به اندازه‌ای که مخاطب بدون زحمت بتواند آنها را بخواند.

۱۰ـ تیترهایتان را یک به یک و به نوبت بالا بیاورید.

اینکه همه‌ی تیترها را ناگهان رو به روی مخاطب قرار دهید، باعث می‌شود زمانی که شما درباره‌ی تیتر اول صحبت می‌کنید، مخاطب تیتر دوم و سوم را هم بخواند و تمرکزش را از دست بدهد. بهتر است ابتدا متن خود را بنویسید، سپس به تب انیمیشن (animations) مراجعه کنید و برای هر یک از تیترها یک انیمیشن (ترجیحاً) appear

انتخاب کنید. با انجام این کار تیترهای اسلاید شما یکی یکی نمایش داده می‌شوند و هم شما و هم مخاطب از این سبک اجرا لذت بیشتری خواهید برد.

۱۱ـ استفاده‌ی درست از فونت‌های زیبا

هرگز به فونت‌هایی که خود نرم افزار برای شما انتخاب می‌کند اکتفاء نکنید. یکی از مهم‌ترین نکاتی که برای ساخت اسلایدهایی جذاب و گیرا بایستی مورد توجه قرار گیرد، استفاده از فونت‌های مناسب است. با کمی جستجو می‌توانید فونت‌های زیبایی را چه به صورت رایگان و چه با پرداخت مبالغی اندک پیدا کنید.

هر سخنران، از ترکیب فونت‌های به خصوصی استفاده می‌کند. شما هم با کمی تلاش می‌توانید ترکیب ایده‌آل و آرمانی خود را بیابید و در سخنرانی‌هایتان از آن استفاده کنید.

برای مثال، ترکیبی که نگارنده در ساخت اسلایدهای سخنرانی‌اش از آن استفاده می‌کند به این شکل است:

تیترها: فونت لاله‌زار یا فونت بی‌تیتر

متن: فونت ایران سانس یا فونت یکان

۱۲ـ استفاده از ویدیوی مرتبط

یکی از ابزارهایی که در اجرای سخنرانی می‌تواند عصای دست شما باشد، استفاده کردن از ویدیوهای مرتبط با موضوع سخنرانی است. می‌توانید از ویدیوهای انگیزشی، تحقیقات، مستندهای کوتاه، انیمیشن، و یا حتی ویدیویی که خودتان در راستای سخنرانی ضبط کرده‌اید استفاده کنید. استفاده از ویدیوها موجب می‌شود سخنرانی‌تان از یکنواختی خارج شود و تنوع خوبی در اجرا پدیدار گردد.

توجه داشته باشید که ویدئو بهتر است کوتاه باشد تا خود عامل ایجاد خستگی و ملال‌آور کردن سخنرانی نشود.

۱۳ـ از اسلایدهایتان نسخه‌ی پشتیبان تهیه کنید.

از بدترین اتفاقات ممکن برای یک سخنران این است که درست قبل از سخنرانی متوجه شود اسلایدهایش حذف شده یا از بین رفته‌اند. برای این که این اتفاق ناگوار را تجربه نکنید، بهتر است چند نسخه‌ی پشتیبان از اسلاید های خود در محل‌های متفاوتی (مانند گوشی موبایل، حافظه جانبی، لپتاپ و ...) ذخیره نمایید. پیشنهاد ما این است که فایل اسلایدها را به صورت پی‌دی‌اف نیز ذخیره کنید.

۱۴ـ ذخیره کردن فونت‌ها

از دیگر اتفاقاتی که سخنرانان از آن در امان نیستند و قابلیت این را دارد که تمام زحمات شما را به باد دهد؛ ذخیره نشدن فونت‌هاست. برای اینکه فونت‌هایی که در اسلایدها به کار برده‌اید در هر دستگاهی (با نرم افزار پاورپوینت) اجرا شوند، باید مسیر زیر را در نرم افزار پاورپوینت طی کنید و بعد از آن اسلاید را ذخیره (save) نمایید.

File > Options > Save > Preserve fidelity when sharing this presentation>Embed fonts in the file

۱۵ـ اجرای هماهنگ با اسلاید

شما علاوه بر این که نیازمند ساختن اسلایدهای استاندارد هستید، باید اجرایی کاملاً هماهنگ با اسلایدها داشته باشید. به همین منظور بارها و بارها اسلایدهایی که با نرم افزار پاورپوینت یا سایر نرم افزارها ساخته‌اید را مرور کرده و به صورت تمرینی، همزمان با ارائه‌ی اسلایدها به اجرای سخنرانی‌تان بپردازید. این تمرین با ایجاد هماهنگی بین صحبت‌هایتان و اسلایدها، تسلط شما را افزایش داده و اجرایی حرفه‌ای را برایتان به ارمغان می‌آورد.

یک نکته جهت افزایش تسلط تان این است که برای اینکه جلوتر از مخاطبان اسلایدهای بعدی را ببینید می‌توانید از قابلیت presenter view در نرم افزار پاورپوینت استفاده کنید.

فصل هفتم: نکات تکمیلی

نکاتی تکمیلی برای اجرایی بی نظیر

❖ اگر در هنگام سخنرانی با یک بحران مواجه شدید، در اوّلین مرحله با چند تنفس عمیق و تمرکز کردن روی آنها آرامش خود را حفظ کنید تا بتوانید تصمیم‌گیری بهتری داشته باشید و از بحران عبور کنید.

❖ به یاد داشته باشید که مخاطب دوست شماست. برخی فکر می‌کنند مخاطب برای ایراد گرفتن از آنها به مراسم سخنرانی آمده است، اما این فقط یک خیال‌بافی منفی و مخرب است. آیا هنگامی که به یک پزشک مراجعه می‌کنید آیا دوست ندارید که آن پزشک بهترین باشد و هر چه سریعتر و بهتر مشکل شما را حل کند؟ مخاطب شما نیز آرزو دارد که شما بهترین باشید. پس تصور نکنید مخاطبان برای شکار ایرادهای سخنرانی شما در جلسه حاضر شده‌اند.

❖ اگر صدایتان هنگام سخنرانی می‌گیرد، قبل از سخنرانی حسابی صدای خود را گرم کنید. به علاوه داروی روتارین و آب جوش هم می‌توانند کمک کننده باشند.

❖ اگر هنگام سخنرانی متوجه شدید که صدایتان می‌لرزد، بهترین راهکار این است که تن صدایتان را افزایش دهید. آیا تا به حال دیده‌اید فردی در دعوای خیابانی صدایش بلرزد؟ احتمالا خیر.

❖ در صورتی که پیش از سخنرانی استرس شدیدی را متحمل شدید موارد زیر را انجام دهید:

- به هم فشردن دست‌ها (به مقدار کم)
- تکان دادن شانه‌ها
- تکان دادن انگشتان دست‌ها و پاها
- تنفس ۷ در ۷ در ۷ (هفت ثانیه دم + هفت ثانیه نگه داشتن نفس +۷ ثانیه بازدم)

- مدیتیشن
- اگر ضربان قلب شما بالا است و هیجان شدید دارید، نگران نباشید شما از سخنرانی نترسیده‌اید، بلکه فقط هیجان زده‌اید و بدنتان شما را برای داشتن یک سخنرانی بی‌نظیر آماده می‌کند.
- اگر فرصت تمرین کمی دارید، تا حد امکان به طور ذهنی تمرین کنید.
- اگر مخاطبان از شما سوالی پرسیدند که جواب آن را نمی‌دانید، پاسخگویی را به زمان دیگری موکول کنید.

برای مثال می‌توانید بگویید: «به چه نکته‌ی جالبی اشاره کردید! من تا کنون از این زاویه به این موضوع نگاه نکرده بودم. حتما منابع را بررسی می‌کنم و پاسخ را برای شما ارسال خواهم کرد.»

بدترین روش پاسخگویی طفره رفتن از پاسخگویی و تلاش برای دور زدن مخاطب است، چرا که مخاطب به راحتی متوجه می‌شود که به اصطلاح عامیانه می‌خواهید او را بپیچانید! نتیجه این است که سخنران اعتبار خود را به راحتی از دست خواهد داد. پس لازم است صادق باشید و با صداقتتان اعتماد دیگران را به دست آورید.

- علاوه بر اینکه با امیدواری و دیدی مثبت به سخنرانی خود می‌اندیشید، حتما برای شرایط بد مثل قطع شدن میکروفون و ... نیز آماده باشید و تمهیداتی بیندیشید.
- برای سخنرانی خود یک ایده‌ی اصلی داشته باشید و بقیه شاخه‌های کلامتان را به آن متصل کنید. این کار سبب می‌شود که سخنرانی شما انسجام بیشتری داشته باشد.
- اگر انتخاب موضوع سخنرانی به عهده‌ی خودتان است؛ موضوعی برای سخنرانی خود انتخاب کنید که:

۱ـ به آن موضوع علاقه مند باشید.

۲ـ در باره آن موضوع اطلاعات خوبی داشته باشید.

۳ـ موضوع مورد علاقه‌ی مخاطب نیز باشد.

- ❖ هدفمند سخنرانی کنید؛ یعنی دقیقاً بدانید که می‌خواهید مخاطب بعد از صحبت‌های شما به چه نتایجی برسد و احیاناً چه تصمیماتی بگیرد.
- ❖ برای سخنرانی‌های خود «چک لیست ابزارها» درست کنید تا با بررسی آن قبل از سخنرانی، مطمئن شوید که ابزارهایی مثل پرزنتر، کابل تبدیل، کپی اسلایدها روی یک مموری و ... را به همراه دارید.
- ❖ محتوای سخنرانی را به یک معجون خوشمزه تبدیل کنید. معجونی از مثال‌ها، داستان‌ها، حقایق، آمار، و ...
- ❖ در سخنرانی باید تا حد امکان خودتان را به مخاطبان نزدیک کنید. استفاده کردن از کلمات سنگین و یا کلمات انگلیسی که نیازی به وجودشان در سخنرانی شما نیست، سبب دور شدن مخاطب از شما می‌شود و بهتر است کمتر از این دست کلمات استفاده کنید.
- ❖ برای تنظیم سرعت کلام خود می‌توانید از نرم‌افزارهای مترونوم استفاده کنید. البته با توجه به نیاز خودتان به این صورت که اگر سرعت کلام شما بالا است نرم افزار را روی سرعت کلمات پایین‌تری تنظیم کنید و اگر سرعت کلام شما بسیار کند است سرعت کلمات نرم افزار را افزایش دهید.
- ❖ یکی از بدترین کارهایی که یک سخنران می‌تواند انجام دهد غر زدن است. به هیچ وجه در سخنرانیتان غر نزنید و اگر نیاز است انتقادی را مطرح کنید، ترجیحاً به شکل خصوصی یا بسیار ملایم این کار را انجام دهید.
- ❖ به واژه‌های تخصصی حیطه‌ی سخنرانی خود اشراف داشته باشید. برای مثال اگر درباره موضوعی مثل اعتماد به نفس سخنرانی می‌کنید، شناخت صحیح

کلماتی مانند: عزت‌نفس، حرمت نفس، خود کارآمدی، شفقت‌ورزی به خود، خویشتن دوستی، اعتماد به نفس کاذب و ... به شما کمک می‌کند سخنرانی پربارتری داشته باشید.

- خطرناک‌ترین کار برای سخنرانی، که می‌تواند آسیب‌های جدی به اجرای شما وارد کند، درگیر کردن و به چالش کشیدن تعصبات مخاطبان است. پیشنهاد من این است که تحت هیچ شرایطی تعصبات و باورهای ریشه دار جامعه را به چالش نکشید، چرا که حتی در بهترین حالت شما بخشی از مخاطبانتان را از دست خواهید داد.
- برای پذیرش بیشتر صحبت‌هایتان از سوی مخاطبان، بایستی چراییِ آنچه را که می‌خواهید به مخاطب انتقال دهید، بیان نمایید. یعنی شفاف به آنها بگویید که چرا باید به صحبت‌های شما گوش دهند. این کار سبب می‌شود که هم توجه بیشتری از مخاطبان دریافت کنید و هم کلامتان اثرگذاری بیشتری داشته باشد.
- اگر سخنرانی شما ساختار علمی دارد، حتما به این نکته اشاره کنید که کدام محققان یا رویکردهای علمی صحبت‌های شما را پشتیبانی می‌کنند.

فصل هشتم: تحلیل سخنرانی

تحلیل سخنرانی

بعد از اجرای سخنرانی خود، بهتر است آن را به خوبی تحلیل کنیم تا با بهره‌گیری از تجربه‌ای که کسب کرده‌ایم، بتوانیم در سخنرانی بعدی بهتر و حرفه‌ای‌تر عمل کنیم.

به یاد داشته باشید هدف ما از تحلیل سخنرانی این نیست که به خودمان نمره بدهیم، بلکه با این کار قرار است اشتباهات را پیدا کنیم و آنها را برای سخنرانی بعدی بر طرف نماییم، و با یافتن نقاط قوّت و تقویت آنها، از خود سخنران بهتر و قوی‌تری بسازیم.

مهم‌ترین نکته در تحلیل سخنرانی این است که از اشتباهات متداول آن پرهیز کنیم.

اشتباهات متداول تحلیل سخنرانی

۱ـ کامل‌گرایی منفی: بسیاری از انسان‌ها انتظار کامل بودن از خود دارند. برآورده کردن این انتظار کار بسیار سخت و دشواری است و تا حدّی غیرممکن. یک سخنران حرفه‌ای به خوبی می‌داند که کامل بودن دشوار و بعید و چشم داشتن به آن آسیب زننده است، بنابراین به جای سعی برای کامل بودن، تلاش می‌کند که بهترینِ خودش باشد.

هنگامی که سخنرانی خود را تحلیل می‌کنیم، بهتر است مراقب باشیم در دام کامل‌گرایی نیفتیم، چرا که اگر این اتفاق رخ دهد، انگیزه‌ی ما برای سخنرانی کردن به شدّت کاهش می‌یابد و نیز احساس خوبی به خود و سخنرانی‌هایمان نخواهیم داشت.

این که انتظار داشته باشیم همیشه همه چیز باب میل ما باشد و یک سخنرانی تماماً بی‌عیب و نقص داشته باشیم، باعث می‌شود با اوّلین اشتباه احساس بدی به سخنرانی پیدا کنیم و کنترل افکارمان را که برای اجرا ضروری است، از دست بدهیم.

بنابر این سعی نکنید همه چیز کامل و بی‌نقص باشد، بلکه همانطور که گفته شد، تلاش کنید که بهترین خودتان باشید و بدانید که حتّی بهترین‌ها نیز اشتباه می‌کنند.

۲ـ نقد یک طرفه: دومین اشتباه متداول که بسیاری از سخنران‌ها هنگام تحلیل مرتکب می‌شوند، نقد یک طرفه است. هنگام تحلیل سخنرانی باید به این نکته توجه

داشته باشیم که هر سخنرانی نقاط قوت و نقاط ضعفی دارد و اگر تنها روی یکی از این دو متمرکز شویم، بازی سخنرانی را واگذار کرده‌ایم. اگر تنها به نقاط قوت خود توجه کنیم، دچار اعتماد به نفس کاذب و خود بزرگ‌بینی می‌شویم و درحالی که فکر می‌کنیم همه چیز عالی پیش می‌رود، به ناگاه در می‌یابیم که مخاطبان از سخنرانی‌مان احساس رضایت ندارند.

برعکس، چنانچه فقط بر روی نقاط ضعف سخنرانی خود متمرکز باشیم، اعتماد به نفسمان کاهش می‌یابد، دچار خود کم‌بینی می‌شویم، انگیزه‌ی ادامه کار را از دست خواهیم داد و ترس ما از سخنرانی کردن برای دفعات بعدی چند برابر خواهد شد.

پس هنگام تحلیل به دو نکته توجه می‌کنیم:

۱- چه کارهایی را در سخنرانی‌اَم عالی انجام دادم.

۲- با انجام چه کارهایی می‌توانستم سخنرانی بهتری داشته باشم؟

فراموش نکنید که هر انسانی نقاط قوت و ضعفی دارد و فرد پیروز کسی است که به هر دوی آنها به گونه‌ای توجه کند که دچار آسیب نشود.

۳ـ مقایسه کردن خود با دیگران:

کرگدن موجودی عظیم الجثّه است که با بسیار از مشکلاتی که ما با آنها مواجه هستیم به راحتی کنار می‌آید. برای مثال یک کرگدن اصلاً نگران تصادف کردن نیست، چرا که اگر تصادف کند به احتمال زیاد آسیب چندانی نخواهد دید!

با علم به این مطلب، به این پرسش پاسخ دهید که آیا شما به حال یک کرگدن غبطه می‌خورید؟ به احتمال بسیار زیاد پاسختان منفی است، زیرا یک کرگدن و یک انسان هیچ ارتباطی ندارند، سنجیدن این دو با ملاک‌های یکسان امکانپذیر نیست و نهایتاً مقایسه کردن این دو کاملاً اشتباه است.

زمانی که خودتان را با یک سخنران دیگر مقایسه می‌کنید، مقایسه‌تان دست کمی از مقایسه‌ی عجیب و غلط انسان و کرگدن ندارد! می‌پرسید چرا؟ اگر قدری تأمل کنید و با

نگاهی جامع به مساله بیندیشید، خواهید دید که دلیل نادرست بودن این قیاس کاملاً روشن است. شما دو نفر، یعنی شما و آن سخنرانی که خود را با وی مقایسه کرده‌اید، تجربیات، اطلاعات، مخاطبان، گذشته، و به طور کلی شرایط کاملاً متفاوتی داشته و دارید. این تفاوت فاحشِ شرایط، مقایسه‌ی شما دو نفر را کاملاً بی‌اعتبار و باطل می‌کند.

حال که اشتباهات متداول هنگام تحلیل سخنرانی را می‌دانید، بهتر است تا می‌توانید از آنها دوری کنید. اما ممکن است این سوال در ذهن شما نقش ببندد که چگونه باید به شکلی صحیح و اصولی سخنرانی خودمان را تحلیل کنیم؟

یک تحلیل اصولی

همانطور که می‌دانید سخنرانی چند بعد دارد و برای تحلیل سخنرانی باید هر کدام از این ابعاد را به طور جداگانه‌ای بررسی کرد.

۱ـ آماده سازی

در مرحله‌ی اول تحلیل، به قبل از اجرا نگاهی بیندازید. آیا به اندازه‌ی کافی آماده شده‌اید؟ پیش از سخنرانی به اندازه کافی تمرین کرده‌اید؟ و اینکه چگونه محتوای سخنرانی خود را به خاطر سپرده‌اید؟

با پاسخگویی به این سوالات، میزان تمرین و آماده سازی خود را مشخص می‌کنید و بدین ترتیب با ذهنیت بهتری به مراحل بعدی خواهید پرداخت.

۲ـ اجرا

بخش اجرا بخشی است که مردم می‌بینند و بر اساس آن شما را قضاوت خواهند کرد. برای مخاطبان آنچه اهمیت دارد این است که شما بهترین اجرا را داشته باشید. آنها خیلی نگران این نیستند که آیا شما به اندازه‌ی کافی تمرین کرده‌اید یا خیر. بلکه تنها دغدغه‌ی مخاطب این است که اجرایی بی‌نظیر از شما ببینند، همین!

در بخش تحلیل اجرا بیشتر به نکاتی مانند: لحن، زبان بدن، نحوه‌ی بازی با صدا، نحوه‌ی شروع کردن و به اتمام رساندن سخنرانی، مدل راه رفتن روی صحنه و البته به

نحوه‌ی استفاده از کلمات توجه کنید. همچنین می‌توانید از بازخوردهای مخاطبان استفاده کنید؛ هنگامی که سخنرانی شما به اتمام رسید مخاطبانتان خوشحال بودند و رضایتمندانه شما را تشویق می‌کردند یا برعکس با اخم و چهره‌هایی خسته شما را بدرقه کردند؟

نکته‌ی مهمی که گاهی در تحلیل سخنرانی از آن غفلت می‌شود، این است که هدف از تحلیل صرفاً استفاده از تجربه‌ی سخنرانی انجام شده به منظور اجراهای بهتر در آینده است. بنابراین در تحلیل سخنرانی سرزنش خود یا افسوس خوردن به دلیل اشتباهات و نواقص، خطای بزرگیست. زمانی که خود را تحلیل می‌کنید، بایستی با خود مانند یک دوست مهربان رفتار کنید نه یک منتقد عصبانی.

بدانید هر انسانی اشتباهاتی دارد و این اشتباهات هستند که باعث پدید آمدن دستاوردها می‌شوند. هرگز در مرحله‌ی تحلیل، خود را سرزنش نکنید و هر زمان متوجه شدید در حال انجام این کار هستید تحلیل را متوقف کنید تا به خودتان و اعتماد به نفس و خویشتن دوستیتان آسیب نرسانید.

سخن پایانی

شعار معروف نگارنده این جمله است:

آنچه امروز هستم، حاصل انتخاب‌های من است.

امروز انتخاب‌هایی می‌کنم تا فردایی بهتر بسازم.

در پایان از شما سپاسگزارم که انتخاب کردید روی خود سرمایه‌گذاری کنید. شما انتخاب کردید با خواندن این کتاب مهارت مهمی مانند سخنرانی را در خود تقویت کنید.

ترکیب مصطلحِ «مهارت سخنرانی» خود گویاست که سخنرانی یک مهارت است، یعنی باید بارها و بارها و بارها به تمرین پرداخت تا در آن به تسلط رسید. اکنون که شما این کتاب را تا انتها خوانده‌اید، اطلاعات مورد نیاز برای داشتن یک سخنرانی بی‌نظیر را در اختیار دارید. از این پس با تمرین و به کار بستن این اطلاعات می‌توانید به یک سخنران اثر گذار تبدیل شوید.

به شما از صمیم قلب تبریک می‌گویم که نردبان یادگیری سخنرانی را با موفقیت طی کردید. امیدوارم مسیری را که خواندن این کتاب پیش چشمتان گشوده است با ثبات قدم بپیمایید و از خود سخنرانی خبره و ممتاز بسازید.

نیما گرجیان

سخنرانی ها و کارگاه هاي

☐ دوره فن بیان و سخنرانی
☐ دوره سخنرانی
☐ کارگاه های متعدد توسعه فردی و ف ن بیان نوجوانان
☐ کارگاه هدفگذاری ویژه نوجوانان
☐ کارگاه مهارتهای ارتباطی ف نی حرفه ای
☐ کارگاه آموزش اسلاید سازی ویژه دبیران
☐ و...

وبینارها و دوره ها و کارگاههای آنلاین

☐ دوره آنلاین فن بیان و سخنرانی
☐ دوره 20 روزه فن بیان
☐ دوره آنلاین انسان پنج درصدی-سفارش سازمان کمیته امداد
☐ وبینار فروشنده فوق حرفه ای
☐ و...

راه‌های ارتباطی با مؤلف:

Instagram:nimagorjyan
Telegram:nimagorjyan

چند کتاب پیشنهاد سردبیر انتشارات برای شما

برای تهیه کتاب ها از آمازون یا وبسایت انتشارات می توانید بارکدهای زیر را اسکن کنید

kphclub.com

Amazon.com

Kidsocado Publishing House
خانه انتشارات کیدزوکادو
ونکوور، کانادا

تلفن : ۸۶۵۴ ۶۳۳ (۸۳۳) ۱+
واتس آپ: ۷۲۴۸ ۳۳۳ (۲۳۶) ۱+
ایمیل: info@kidsocado.com
وبسایت انتشارات: https://kidsocadopublishinghouse.com
وبسایت فروشگاه: https://kphclub.com